「優柔決断」のすすめ

古田敦也
Furuta Atsuya

PHP新書

はじめに——成功する人は優柔である

未来を勝手に予測していませんか？

忘れもしない、一九八七年プロ野球ドラフト会議のあの日。立命館大学四回生だったぼくは、大学側が用意してくれた記者会見用のひな壇に座り、自分の名前が読み上げられるのを、いまかいまかと待ちかまえていました。

「ウチは一位か二位で指名します」

事前にそう言ってくれていた球団もあり、プロ入りはほぼ確実だと思っていたんです。実際、その場にはマイクやカメラを手にした大勢の報道陣が詰めかけ、決まった瞬間に「おめでとう！」の垂れ幕が下りてくる段取りまでされていました。

ところが、最後の最後までぼくの名前はどの球団からも呼ばれなかった。

「メガネをかけたキャッチャーは大成しない」

それが、当時のプロ野球界の常識でした。

でも、ぼくはひどい乱視。まだ乱視用コンタクトなどなかった時代、メガネをかけてプレーする以外に選択肢のなかったぼくは、ただそれだけで、自分の夢から弾き飛ばされてしまったのです。

親も友人も近所の人たちも、テレビの前で楽しみに待っていてくれたのに……。カッコ悪くて、恥ずかしかった。球団スカウトに対する裏切られた思いと、猛烈な悔しさ、怒り。でも、そんなことはその場ではとうてい口にできません。

一人二人とだんだん減っていき、最後にまばらになった報道陣の前で「外れてガッカリです」などと、なんとも気の抜けた挨拶をしたのを覚えています。

あれから二十二年。ぼくはメガネをかけたままプロ野球の世界に入り、幸運なことに成績にも恵まれました。そして最後には、プレイングマネージャー（選手兼任監督）という貴重な体験までさせていただき、引退したいまも、野球のみならず、あらゆるスポーツの世界とかかわれる立場をいただいた。

自分自身も含めていったいだれが、あのとき悔しさに唇をかんだ青年が、将来こんな人生を歩むと想像できただろう。つくづく未来は予測できないものです。

もし「メガネをかけたキャッチャーは大成しない」という常識にがんじがらめになって、「どうせオレなんかプロ野球選手になれっこない」と勝手に未来を予測していたら……。

まちがいなく、いまの自分はなかったでしょう。

しかし、当時のぼくは頭で考えるより、開きなおるしかなかった。メガネをかけて野球をやるのが自分に与えられた境遇なら、それを受け入れるしかなかった。とにかくやれるところまでやってやろうじゃないかと、ただガムシャラに目の前の練習に取り組んだ……。

うまくいかないことは多いけれど、思いがけずよい方向に振れることも同じくらいたくさんある。それが、挫折からぼくが学んだことでした。

頭がいい人は挑戦しなくなる

未来はどう転がるかわかりません。あのときのぼくがそうだったように、「ああ、最悪だ」「もうダメだ」と投げやりになってしまいそうな位置からでも、とにかくチャレンジすることで、ふたたびチャンスに手が届くことがある。

ところが最近、頭で考えた「予測」ばかりにとらわれて、未来の可能性をみずから狭めている若者がふえている気がしてならないのです。

頭で考えた「予測」は、さまざまな「情報」から組み立てられますが、いまの若い世代がぼくたちと決定的に違うのは、この情報の量です。もう「過多」と言っていいほど、彼らのもつ情報量はすさまじい。

プロ野球選手に関していえば、たとえば「身体を効率的に鍛えるにはどうしたらいいか」「何を食べたら筋肉がつくか」「脚が速くなるにはどのようなトレーニングがよいか」「球のスピードを上げるにはどうするか」……など、プロに入ってはじめて教えられるような情報を、プロ入り前の高校生がこと細かく知っている。メジャーリーガーの松坂大輔くんがどんなトレーニングをしているのかさえ把握していたりして、こちらが驚かされることもあります。

いまはインターネットもあるし、詳細に書かれた本もある。みなそういった情報を、子どものころから見聞きしているからなのでしょうね。

その結果、高校生でありながら、すぐにもプロで通用するのではないかと思える「超高校生級」が、ぼくの時代より圧倒的に多くなった。たんに体がデカイとかではなく、プロ入り前から勉強しているので、次元の高いパフォーマンスがあっさりとできてしまうのです。

ぼくがプレイングマネージャーのときにドラフトで引き当て、いま一線で活躍している東京ヤクルトスワローズの増渕竜義投手や佐藤由規投手などは、高校三年生で一五〇キロのボールを投げていましたからね。昔もゼロではありませんでしたが、そんな十年に一人の逸材と言われるピッチャーはめったにいませんでした。それがいまでは、毎年そのレベルの選手が数名も入団してくるんです。

明らかにいまの若者の野球のレベルは上がっています。豊富な知識があり、それを使いこなす頭もある。結果として技術が高く、身体も強い。すでにもっているものが大きいのです。

しかし、そんな彼らには足りないものがある。

それが経験です。

情報過多で頭でっかちになり、経験する大切さを知らないのです。若いのだから当然といえば当然ですが、じつはこれが最大の問題です。経験する前から頭の中で結論ができあがっていて、それが固定観念となっている。だから「どうせ無理」「やっても意味がない」などと、挑戦したがらないのです。

たとえば、ぼくがアドバイスしたとします。

「もっとここに投げてみろ。そうしたらバッターだって怯（ひる）むんだよ」

「次の球を活かすためにも、こういうことをやってみろ」

表面的には「はい、はい」とうなずいてはみせるものの、「そこはデータ的に打たれる確率が高いから」とか、「それよりも自分の得意なコースに投げたほうが打ち取れる」

と、実際のところは、はなから決めつけている。

そうやって自分勝手に未来を予測し、結論を出しておきながら、壁にぶつかってうまくいかないと悩む。そこでアドバイスをしても、やっぱり頭で考えて行動しない。

かつてなら、「困ったら、ガムシャラにど真ん中へストレートを放っとけ！」と言えば、みな素直に従ったものです。しかし、いまの若い選手は頭がいいだけに、そこで考え込んでしまうんですね。

人間のすることなど、実際にやってみなければわからない。まして野球は対人間。押したり引いたり、相手との駆け引きで結果は大きく変わります。

頭でっかちの人は、それが怖い。頭で組み立てたとおりの結果が出ないのが怖いのです。

そして結果を怖がると視野はますます狭くなり、思考はどんどん偏っていく。こうして挑戦する心を忘れてしまう。

これでは成長できるはずがありません。

「開きなおる」のほんとうの意味

もちろん、頭を使わずに、ただ「やみくもにやれ！」というのではありません。

若いころ、野村克也監督からはよく「開きなおっていけ！」とゲキを飛ばされたものですが、「開きなおるとは、前向きにチャレンジするということ。投げやりとは違うんだぞ」とも教えられました。

情報を集めて分析・研究するなど、常日頃の準備はしっかりしたうえで、最後の最後、「ここぞ！」というときには思いきって決断する——。

長い野球人生のなかでさまざまな局面を経験するうちに、開きなおるとは、そういう前向きなメンタリティのことだとぼくは考えるようになりました。決して「どうでもいいや」と投げやりな一発勝負に出ることではないんですね。

「情報」と「決断」。この二つをうまく融合させたときに、人は自分がもっている最高のポテンシャルを引き出せるのではないか。

そのような境地に到達したぼくが、いまこそ提案したいのが「優柔決断」の考え方なんです。

「優柔」とは「優柔不断」の「優柔」……。なので、グズグズして決断力に欠けることと思われるかもしれません。たしかに「優柔」という言葉は「不断」とセットで使われることが多いですから、ネガティブなイメージばかりが先行します。『広辞苑』で調べてみると、「物事に煮えきらないこと。はきはきしないこと」とあるのは事実です。

しかし、「優柔」にはもう一つの意味があることをみなさんはご存じでしょうか。「やさしくものやわらかなこと」。辞書にはこうも書いてあるのです。

ぼくならこう考えます。

「優柔」とは、その場その場で「柔軟」に情報を採り入れていくということ。たとえば、一つの情報を得て満足するのではなく、違う方法も試してみる、人のアドバイスも聞いてみるなど、何かに凝り固まらず、こだわらない、フレキシブルな情報収集のあり方。

読んで字の如く「優れた柔軟さ」と解釈してみたらどうでしょう。

いまの若者は情報過多で頭でっかちだとお話ししたばかりですが、過多といっても、

「前にこれでうまくいったから」と、一つの成功体験を得ただけで、ほかの情報はいっさい受けつけなくなってしまうことがじつは多い。これでは情報を拒絶しているのと同じです。

拒絶とは、イコール立ち止まること。つまり「これでいいんだ」と自分自身の成長を拒絶しているのと同じなんです。

そんな人にこそ「優柔」な発想が必要です。恐れず貪欲（どんよく）に、まずはなんでも採り入れてみる、チャレンジする。これこそが、いまの自分を変革する最初のステップです。

そしてもちろん、そのあとに続くのは「不断」ではなく「決断」。あふれる情報のなかでただ右往左往するだけなら、それこそネガティブな「優柔不断」となってしまいます。

ぼくが考える「優柔決断」は、柔軟に情報を収集したうえで、最終的にそれを活かした「決断」をしっかりするということ。いよいよ最後となれば、「やってみなきゃわからない」。そこまできたら、あとはとにかく「やる」勇気をもつことなんです。

とくに刻一刻とシチュエーションが変わり、いま、ここで何をすべきかと、つねに問われつづける野球では、この決断力のあるなしが、技術や実力以上に勝負を左右することがあります。

もちろん、野球に限った話ではありません。日常の小さなことから大きな転機にいたるまで、ぼくたちの人生そのものが決断の連続だと言ってもいいはずです。なし崩し的にただ状況に流されるのか、自分の力で決断するのかで、その後の人生の充実度はがぜん変わってきます。

「優柔」の段階では、ときには大いに迷い、悩み、もがき苦しむこともあるでしょう。それでいっこうにかまわないのです。そのあとでしっかりと「決断」さえできれば、それでいい。

不況の時代にあって、暗いニュースが多いこのごろです。でも、「この先どうせいいことない」と未来を勝手に予測して臆病になっているとしたら、もったいない話じゃないですか。人の可能性は無限大なのです。

ぼくごときが言うのは生意気ですが、幸いにも、野村監督と若松勉監督という二人の名指導者の下でプレーすることができ、最後の二年間はぼく自身もプレイングマネージャーとして指揮する立場をいただき、お二方をはじめとした多くの人の教えを自分なりに深めて実践し、さらなる新たな方法論を模索してきました。

そこから生み出された「優柔決断」の考え方が、こんな時代だからこそ、みなさんが新しい自分を掘り起こすきっかけになるのではないかと願っているのです。

古田敦也

二〇〇九年九月

「優柔決断」のすすめ——目次

はじめに　成功する人は優柔である

未来を勝手に予測していませんか?　3
頭がいい人は挑戦しなくなる　6
「開きなおる」のほんとうの意味　10

第1章　「優柔決断」の思考法

優柔決断のヒント❶　あらゆるところから情報を引っ張り出す　24
優柔決断のヒント❷　現在の環境にグチを言わない　27
優柔決断のヒント❸　ブレることを恐れない　31
優柔決断のヒント❹　実際にやってみて自分のものにする　35
優柔決断のヒント❺　頭の中にファイルをつくる　37

優柔決断のヒント❻　二年前の情報はさっさと捨てる　40
優柔決断のヒント❼　成功イメージを描きすぎない　44
優柔決断のヒント❽　周りの空気に流されない　49
優柔決断のヒント❾　即決グセをつける　52
優柔決断のヒント❿　最後は腹をくくる　54

第2章　力の源は「負けたくない」という気持ち

勝負ごとの原動力は「負けたくない」　58
人を観察してしまうクセ　61
伸びた靭帯、人より曲がる身体　63
視力の悪さはコンプレックスではない　66
上司に選ばれなければ意味がない　68

自分の立場から目を逸らしてはいけない　73
脇を締めないキャッチング法が誕生した理由　75
大きなミットを選んだ優柔な発想　79
球界一バットを取り替えた男　81
「○○流」がないのが古田流　84
決して意表は衝いていない初球打ち　87
準備があるから相手の心理も読める　90
人間にはどこかに必ずクセがある　95

第3章　意外性にもワケがある

独創力とは思慮深い模倣以外の何物でもない　98
自分の能力を最大限に活かす方法　100

オリジナルとは「組み合わせの妙」である 104
〝いまある自分〟も客観的に見つめる 107
相手の気持ちを読めなければ勝負にならない 111
「ノー」もまたコミュニケーション 115
得意技を活かしたければ短所をなくせ 119
大事な場面で打たれないための駆け引き理論 123
超攻撃的な打線が生まれた背景 127
ないものねだりをしなければアイデアは生まれる 131

第4章 やわらかな組織力

すべてはトップダウン——野村監督から学んだマネジメント 136
野村流・人心掌握術 138

すべては信頼してまかせる――若松監督から学んだマネジメント 142
若松流・気配り術 145
人が自然と育つマネジメント法 147
情報過多の若者たちが育つには 151
「逃げグセ」がついてしまう負の成功体験 155
優しすぎが決断力のない子どもをつくる 158
八〇パーセントの継続力 162
チャンスは不平等 164
人が集まれば必ず問題は起きる 167

第5章 脳を活かす「優柔決断」の生き方

茂木健一郎×古田敦也

脳はいつまでも過去を忘れてくれない 172

短時間で決断するためにはシミュレーションが不可欠 174
〝迷い〟や〝揺れ〟はあったほうがいい 178
「集中」と「緊張」は似て非なるもの 180
キャッチャーは人間行動学を活かしている 186
身体がやわらかい人は脳の振り幅も大きい 189
野球は敵どうしがシンクロするスポーツ 191
スランプ脱出は「人生のフォアボール」をねらえ 194
「弱者の戦略」が現代日本人の武器となる 197
ハードルが高いほど脳は喜ぶ 200

第1章

「優柔決断」の思考法

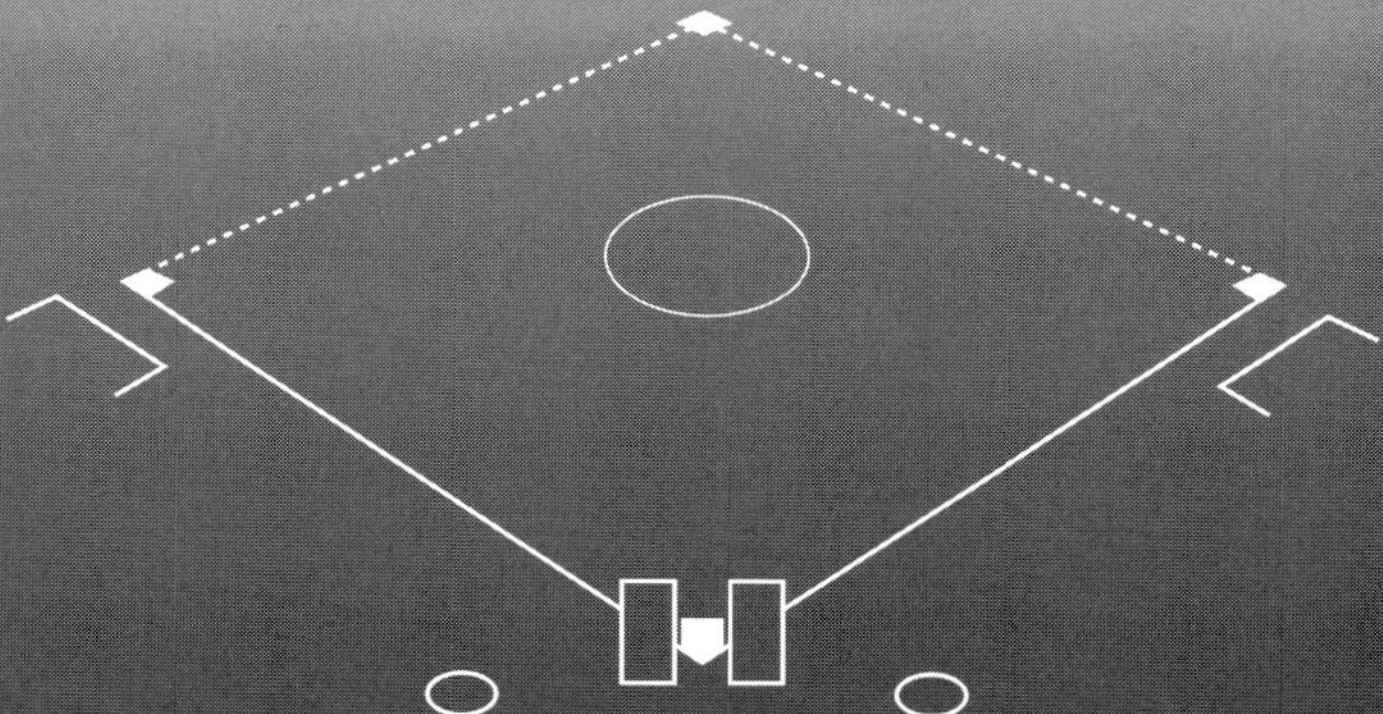

あらゆるところから情報を引っ張り出す

子どものころ、少年野球の監督から一本足打法を指導された記憶があります。言うまでもなく、あの王貞治さんのフォームです。王さんといえば〝世界の王〟であり、スーパーヒーロー。当然、ぼくらは競ってこの一本足打法を真似したものです。

しかしいま、世界じゅうのプロ野球選手を見渡しても、一本足打法の王さんスタイルを採用している選手はあまり見かけません。時代とともに、有効な情報は入れ替わっていくんですね。進化していると言ってもいい。

練習方法にしても同じです。ぼくが子どものころは、指示されたら文句も言わずただひたすらウサギ跳びをやりました。しかしいまでは、ウサギ跳びはかえって身体を壊しかねない危険な練習であると科学的にも証明されています。

古いものを継承することが悪いわけではもちろんありません。大切なのは、それがいまの時代に合っているのか、いまでも通用するのかを検証してみること。そして何より、現状に満足して、ついつい新しい情報を拒否する姿勢になってしまっていないかを自己確認することです。

いまや街なかのスポーツジムに行けば専門知識をもったトレーナーがいますし、本屋に行けばトレーニングに関する専門書もそろっている。インターネットを通してプロの方法を入手することも簡単な時代です。

そんな膨大なソースから新しい情報をどんどん採り入れていく姿勢は、やはり大切です。「この十年、オレはこれでやってきたんだから、これが正しい」などと頑(かたく)なになっていては、取り残されてしまうのは目に見えています。

イチロー選手が、年間二一〇安打の日本記録を打ち立てた「振り子打法」でさえ、その後の試行錯誤のなかで、それ以上に効果的な打法が見つかったときに、過去の成功体験を捨てた事実を見ても明らかでしょう。たえず進化しようとする気構えがあるからこそ、彼は長年にわたってあれほどの成績を収めつづけているのです。

情報を集めるときは、とにかく間口を広げておくこと。本でもいい、ネットの情報でもいい、だれかのアドバイスでもいい。やる前から「あれは苦手」「これはいい」と先入観や好き嫌いでふるいにかけず、どんなことでもまずは試してみてください。

そのうえで、よかったら採用、違うと思えば不採用と、あとから自分で選択すればいい。ほかの人には効果的でも、自分には合わなかったということもありますから。

そして、たとえ自分にピッタリな方法が見つかったとしても、その一つだけで満足しないこと。「これでいい」と思った瞬間に、成長が止まってしまうからです。せっかく間口を広げたつもりでいても、結局は情報を閉ざしたと同じことになってしまいます。

思い返せば、スワローズへの入団が決まるやいなや、ぼくは全力で情報収集を始めました。上司となる野村監督がどのような方針で野球をされているのかが気になり、書店に置いてあった監督の本を三、四冊すべて買い込んで、頭に叩き込んでからキャンプに向かったのです。

監督の本といえば、いまでこそ『野村ノート』（小学館）など野球理論と人間学を中心としたものが有名ですが、当時は、いわゆる球界のウラ話的なものが多かった。さまざまな人物のエピソードを描いていたんです。それでもそのなかには、野球に関する考え方や、キャッチャーとはこういうものである、といった独自の解釈が散りばめられていた。だから、必死で読みましたよ。

とにかく採り入れられるものは一つたりとも逃さない。そうやって徹底的に準備することが大切だと思います。

優柔決断のヒント❷

現在の環境にグチを言わない

大学四回生のドラフトで屈辱を味わったぼくは、その後、社会人野球を経て、プロ入りしたのは二十四歳。プロ野球選手としては遅まきのスタートでした。

それでもふつう二十四歳くらいだと、自分でもそれなりに自信をもっていますし、周りからも即戦力と呼ばれるものです。ところが、ぼくが入団したスワローズの当時のボス、かの有名な野村克也監督はぜんぜん違いました。

「おまえ、アマチュアで何番打ってたんだ?」

最初にぶつけられたのは、この質問です。

「全日本ではだいたい八番くらいです」

すると監督はニヤッと笑って、こう言うのです。

「ふ〜ん。全日本で八番のヤツがプロに入ったら、まあ、うまくいって一五番くらいだな」

正直、面食らいました。「おまえなどプロの世界じゃまだまだ半人前だ！」と宣告されたようなものなのですから。

野村監督の考えでは、プロ野球こそが日本野球界のトップなんですね。当時の全日本の選手はアマチュアから選ばれていたので、日本の代表である全日本といえども、監督からすればプロ以下。たとえアマチュアの四番が来たところで、プロでは九番か一〇番（ベンチ）くらいのものだという解釈なのです。まさにプロ至上主義と言っていいでしょう。

実際は違うんですよ。全日本のトップレベルだと、そのままプロでも一流クラス。たとえば全日本のエースだった野茂英雄投手は、プロ入りしてすぐに最多勝のエースになりました。

ですから、野球界全体がプロ至上主義というわけではありません。

それでも実際に目の前でそう言われた以上、とにかく「この監督に気に入られなければ試合に出られない」と腹をくくるしかなかった。

いや、気に入られるというのは、ちょっとニュアンスが違うかな。監督のめざす野球をすぐに理解して、採り入れていかなければ……。それがプロとして生き残るための道だと考えたのです。

プロ選手になりたてのぼくが、ほんとうに「半人前」だったかどうかはわかりません。でも「即戦力だから」とタテマエでもちあげられるよりは、けなすことで「プロは厳しい世界だから心してかかってこい」と叱咤(しった)されたことが、かえってよかったのかもしれません。

性格もあるでしょうが、そこで腹を立ててもしょうがない。たとえ逆境であれ、与えられた状況のなかで最善を尽くすのが、ぼくの基本的な姿勢なんです。

それまでの野球人生をふりかえってもそう。たとえば縁あって立命館大学で野球をやらせてもらうことになったら、「ほかの大学のほうがよかった」だの「あれくらいのピッチャーがいたら勝てるのに」だのと言っても仕方ない。それより、どうやって現在いるピッチャーだけで勝つかを考えることのほうが大切なんです。

ですから、監督が方針を打ち立てたら、仮に内心「え〜？」と反発を覚えることがあったとしても、その方針に従うべき。でなければチームプレーはできないし、もっといえば、それが人間としてのルールだと思うから。

野球にかぎらず、一般社会でもそうではないでしょうか。やれ「上司が無能」だの「部下が手伝ってくれない」だのとグチを言ったところで、それは言い訳にすぎない。

いまでこそ転職もアリの時代ですが、やはり一度、会社に入ったら、その会社がめざす目標に向かっていかに仕事をこなすか、与えられた環境のなかでいかに最大限の力を発揮するかが大事。それが社会性というものではないか。そのなかで人に喜ばれたり、やりがいを見出したりするのが働くということの本質だとぼくは思う。

どんな状況であろうと、それが自分の与えられた環境なら、否定するのではなく、まずは謙虚にすべてを肯定してみる。それが優柔決断の考え方です。

欲を言えばキリがないし、自分の理想どおりの環境が整うことなどめったにあるものじゃない。いまある環境のなかでベストを尽くす。その努力が、ぼくたちを成長させてくれるのではないでしょうか。

優柔決断のヒント❸ ブレることを恐れない

「初志貫徹」という言葉、ぼくはあまり好きではないんです。

もちろん最初に高い志をもつのは大切なこと。野球選手のなかにも「初心に返れ」という言葉を大切にしている人がいますが、慢心を正す意味では大いに賛成です。

けれども、初志にばかりこだわりすぎると、どうしても変化を嫌うことになりやすい。

よく「ブレる」なんていう言い方もしますが、ブレてはいけない、軸をぐらつかせてはいけないと頑張りすぎると、固定観念に縛られて先に進めなくなることもあるのではないか。もう少し柔軟に考えないと、どこかで行きづまってしまうと思うのです。

現実問題、当初の方針は、何年か経つと時代にそぐわなくなることもあれば、時代の流れに対応できなくなることもある。そのことに目をつぶってまで初志にこだわりつづければ、それはたんに頑固なだけということにもなりかねません。

「こだわる」よりも「柔軟に対応する」ことのほうが大切なのではないでしょうか。野村監督からは、「進化しようと思ったら必ず変化しろ」と教えられました。ぼくもそう実感しています。

いままでずっと正しいと思ってやってきたことを積み重ねる。それをさらに続けていけば、少しずつ向上していくことも、もちろんあると思います。

でも、ぼくたち野球選手は、どちらかというと技術屋です。積み重ねるより、ちょっとした変化によって、ポンと突出してうまくなる瞬間があるんです。

「あいつ、ひと冬超えたら急に球が速くなったな」「急にコントロールがよくなった」「急にカーブが曲がり出した」「打球がよく飛ぶようになった」……というように。

それをぼくは化学反応のようなものだと考えています。小さな変化が、何かの拍子で大きく化ける。こういった現象はよくあることですし、実際、ぼくも何度となく目撃しています。

ところが、世の中には変化を嫌う人が少なくない。「成長したい」「ステップアップしたい」と思っているわりには、なかなかこれまでの自分のやり方を変えようとしない。

そしてとくに、プロ野球の選手にはこういうタイプがけっこう多いんですよね。

彼らには生々しい成功体験があります。みんなたいてい高校、大学のとき華やかに活躍し、注目されて鳴り物入りでプロの世界に飛び込んでいます。そのころの栄華が忘れられないんですね。

「このやり方でうまくいった」

「このやり方が自分にはいちばん合っている」

悪い言い方をすれば、過去の栄光にしがみついている。うしろばかりふりかえって、前を見ようとしていない。

ぼくの場合、プロに入るのが遅かったですから、過去の栄光をかみしめるより、とにかくゲームに出ることが先決でした。

二十四歳で入って、そこから二、三年ファームで鍛えて、それから一軍に上がってレギュラーを取って……などと悠長なことは言っていられない。もう、即戦力として認めてもらうのに必死でした。実際、自分を変える努力をした。

どうしたかといえば、まずはバッティングのレベルを上げることを目標にしたんです。当時、守りにはけっこう自信があったのですが、打つほうに関しては不安がありました。

というのも、プロに入って驚いたんです。先輩たちがフリーバッティングをしているでしょう。みんな打球がスタンドにポンポン入っちゃう。あんなの見たことなかったんですよ。それで、自分のバッティングを見なおす必要があると気がついた。

ありがたいことに、周りは生きた教材だらけです。この選手とこの選手の違いはどこにあるのか、この選手の打球が伸びるのはなぜか、など、とにかく観察しまくりました。見ているだけで参考になるんですね。見たら、それを採り入れて自分でやってみる。そしてコツをつかむ。それが自分を変える近道だと信じて、とにかく実践しました。

変化を恐れないこと。これは優柔決断の手法には欠かせない極意です。

まちがってはいけないのは、ただ変化すればいいというわけではないこと。野村監督がおっしゃった「進化しようと思ったら必ず変化しろ」の言葉を曲解し、変化＝進化だと考えないでほしいのです。変化したからといって必ず進化するわけではないですからね。人によっては、後退してしまうことだってあるかもしれない。

ただ、たとえ後退したとしても、経験としては大きい。「ああ、これではダメなんだな」と実際にやってみて学習したことだから、それは自分の引き出しにしまえる財産になる。

大切なのは、進化をめざしてトライしたというプロセスなんですね。たとえ失敗したとしても、変化を拒んで過去にしがみつくよりは確実に成長の糧(かて)になると思います。

優柔決断のヒント❹

実際にやってみて自分のものにする

日本球界初のシーズン二〇〇本安打の偉業を達成した人といえば、言わずと知れたイチロー選手です。

あの振り子打法には、どんな秘密があるんだろう。長所はどこだろう。短所は？　興味をもったら、ただ机上の分析をするだけでなく、自分で実際にやってみる。それがぼく流です。その結果、「なるほど、ここで間を稼ぐのか」「ここは弱点かもしれない」など、自分なりの結論を導き出す。

なにも自分のスタイルを、完全に振り子打法一辺倒に変えようとしたわけではないんです。

打者としてのぼくは、どんなピッチャーが相手でも同じバットを使い、同じ構えで打てばいいとは考えていませんでした。速球でストレート中心のピッチャーにはこの打ち方、カーブが得意なピッチャーにはこの打ち方……と、相手によってより打てる確率の高い方法を選んで立ち向かう。そんな臨機応変なスタイルをもちたかった。

ピッチャーのなかにも、突然スリークォーター（オーバースローとサイドスローの中間の投法。サイド気味に肩口から投げる）になったかと思えば、アンダースロー気味になるなど、毎回投げ方を変えてくる選手がいます。バッターを混乱させるのがねらいなのでしょう。勝つことを最善の道と考えたときの一つの作戦でもあるんですね。

それと同じで、どうくるか予測のつかないバッターでありたいとぼくは思っていました。そのためには、自分が使いこなせる技術はなるべく多くもっていたほうがいい。振り子打法もその一つなんです。ピッチャーの球しだいで、ここは振り子でいってみようかと決断するときがある。当時、イチロー選手の打法を研究したのは、だからなのです。

自分が使いこなせる技術は、選手にとって最大の武器。質の高い武器を一つでも多くもつこと。これが勝つための手段の一つです。

そして、武器として使えるレベルにまでもっていくには、やはり実際にやってみるしかありません。

情報を集めることの大切さを知っている人はたくさんいます。人のアドバイスには熱心に耳を傾けるし、本や雑誌に興味のある記事があれば、切り抜いて取っておく人もいます。

しかし、それだけでは足りないのです。実行すること、自分自身で体感することが大切。そこまでしてはじめて、優柔決断といえるのではないでしょうか。

優柔決断のヒント❺ 頭の中にファイルをつくる

「いろんな方法があるんだよ」

野村監督がよくおっしゃっていました。

「ほんとうにピンチになったときには、いろんな知識が役立つんだ。だから勉強しろ」

考える野球、いわゆる野村ＩＤ野球の原点はここにあります。

たくさんの引き出しがあれば、ピンチから脱出する最善の方法を見出すことができます。知識が少なければ、「だいたい」とか「こんなもんか」などのカンに頼るしかない。

もちろんカンも大事なんですよ。でも、裏づけなしのその場しのぎでは、そのときはたまたまピンチを逃れられたとしても、結局、最後には失敗することのほうが多い。やはり知識＝情報の量は大切なのです。

しかし、ただ知識が豊富ならそれでいいかといえば、それも違う。その時々の局面に応じて、即座に必要な情報を取り出す力も必要とされます。とくにキャッチャーは十五秒、二十秒といった限られた短い時間で考え、ピッチャーに次の球のサインを出さなければなりません。だから、よりこの能力が求められるのです。

さあ、このピンチをどうする！　そんなとき、選ぶカードが二〇枚、そのあたりに散乱していたら、とても瞬時に選び取ることはできませんよね。

ですからピンチに対応するためには、事前に頭の中で知識が整理されていることが必要となります。

整理するためには、頭の中にファイルを並べるイメージを描くのがおすすめです。ただ漫然とさまざまな知識がバラバラと存在するのではなく、テーマをもったファイルをつくり、そのなかに関連するカードを入れていく。仕事の書類を個別のクリアファイルに入れたり、パソコンでもフォルダをつくってデータを整理するでしょう。あれと同じですね。

ファイルがあれば、「この状況のときは、このファイル」と、容易に頭の中で呼び出せる。そしてファイルに入っている、たとえば三枚か四枚のカードのなかから、TPOに合わせて必要な知識を取り出せばいい。二〇枚のカードすべてのなかから探し出すより断然、効率がいいはずです。

プロ野球の試合を観戦していると、ピンチを迎えた守備側の選手たちがマウンドに集まる光景をご覧になったことがあると思います。ときどき冗談で「今日どこへ飲みにいくか相談してるんでしょうね」などと言う解説者がいますが、もちろん、そんなことはありません。あの場面では、選手たちが頭の中で必死にファイルを検索しているとお考えください。まあ、みんながみんな、そうだとは言いませんが（笑）。

優柔決断のヒント❻　二年前の情報はさっさと捨てる

資料は二年間でバッサリ捨てる。これが基本的なぼくの姿勢です。

たとえば対戦する相手バッターに関するデータ。プロ野球の場合、同じ選手と毎年、幾度となく対戦することになりますが、二年前に「このやり方で攻略した」という成功体験は、はたして同じ選手に対していまも通用するでしょうか。

するはずがないんですね。

それが通用するようなら、その選手はすでにレギュラーから外れているはずです。

変化球があまり得意ではないバッターがいるとします。仮にこのバッターに関して「初球にカーブを投げておけばストライクが取れる」というデータがあったとしましょう。もしデータどおり、そのバッターが二年間、変化球をずっと打てないままだったら、絶対に成績は残せません。レギュラーでいつづけられるはずがないんです。プロ野球はそんなに甘い世界ではないのですから。

彼が二年後のいまも第一線で活躍していられるということは、どこかで必ず自分の弱点をクリアして成長しているはずなのです。それなのに二年前と同じ作戦で勝負したら、たいへんなことになる。大事な場面でガーンと一発打たれて「しまった」と思っても、あとの祭り。

古い情報などアテにはならないのです。

ＩＤ野球という言葉に注目が集まったとき、ぼくの場合、成功体験を積み重ねてデータ化しているとのイメージをもたれることが多かったようです。しかしお話ししたとおり、古い成功体験はもはや要らない情報。どんどん捨てて、代わりに新しい情報を入れる。そうした更新作業をつねにやってきたのが、ほんとうのところなのです。

情報の更新作業を始めるきっかけになったのは、当時、読売ジャイアンツに在籍していた松井秀喜選手（現ニューヨーク・ヤンキース）の存在でした。

彼がプロ野球界に入ってきたのは一九九三年、ぼくが四年目のシーズンを迎えたときでした。高卒で入った彼とは九歳違いと、彼のほうがだいぶ年下です。

最初は当然、無我夢中だったのでしょう。「古田はこんなことを考えて攻めてくる」と、彼なりにいろいろと考えていたようですが、こちらは多少なりともプロでの経験がありますから、彼の考えていることはおおよそ予想がつきました。ですから最初は抑えることができたんです。

ところが途中から抑えにくくなってきた。そのころから、彼はまさしく「ゴジラ」へと変貌していきました。

松井選手とは年間一〇〇打席以上も戦ったでしょうか。優勝争いの常連だったので、巨人に負けたら優勝など覚束(おぼつか)ない。そのためには彼を抑えなければいけないわけですが、よく打たれましたね。

打たれるから、ぼくも怖くなる。怖いから、どうしても過去の成功体験に頼ってしまう。

松井選手は流してホームランを打つことが苦手だったんです。レフト方向へのホームランはほとんどない。センターかライト。つまり、つねにポイントを前にして打つんです。

だから「いままでいちばんホームランの少ない外寄りに投げれば、ホームランの確率は減るだろう」というデータがぼくの頭の中にはあった。そして困ったときほど、どうしてもそれを頼りに勝負をしてしまうんですね。

そうしたら、あるとき、もののみごとにレフトのポール際にスタンドイン。

数年前に抑えたときのデータに安易に頼ったのがまちがいなのであって、役に立たないものはさっさと捨てるべきだと痛感させられたのです。

ちなみにバッターの定義づけは、いろいろあると思いますが、たとえ打率が三割、四割のバッターでも、ホームランを打たないバッターはあまり怖くない。

野球は一塁、二塁、三塁、ホームと四つの塁を進んではじめて一点が入る競技です。ホームランバッターがひと振りしたら自動で四つ、もしランナーがいたら走者一掃ですから、それは困る。シングルヒットしか打たないバッターなら、いくら脚が速くたって進む塁は一つずつ。その間にアウトを三つ取ればいい。そう割り切っていました。

もちろん遠くへ飛ばすバッターは強振するぶん、アラがあって空振りも多い傾向があるので、怖さもある一方で、うまくやれば抑えられる可能性がある。だからみな、チャレンジして勝負するわけです。

というわけで、どんな偉大なバッターでも一〇〇パーセントではありません。

優柔決断のヒント❼

成功イメージを描きすぎない

結果が大事か、プロセスが大事か——。

めざすものによっても違えば、考え方によってもさまざまな意見があると思います。

でも、ぼくが思うに、やはりだれもが結果を求めている気がします。

それはいいのです。ぼくも結果かプロセスかと二者択一を迫られたら、それは結果と答えるでしょう。最後は結果がすべてなのですから。

問題なのは、結果が大事だと思うからこそ、「いい結果が出なかったらどうしよう」と緊張したり、悩んだり、落ち込んだりすることなのです。

では、どうしたらいい結果を出せるのか。

ぼくが長い野球人生を経て行き着いた答えは案外、単純でした。それは「いい結果が欲しければ、結果を気にしない」ということ。自分の体験をふりかえってみると、勝ったときはたいてい、結果を気にせずプレーしていたことがわかったからです。

よくホームランバッターがスランプに陥ることがあります。

そういうバッターを指して、ぼくたちはよく「スタンドばかり見ている」と表現するのですが、スタンドまで飛ばしたいばかりにボールに的確にコンタクトすることを忘れて、大振りになってしまっているのです。

ホームランを打ちたくて打ちたくてしょうがないから、甘いボールが来ても手元を見ずに、ボールが落ちるスタンドばかりを無意識のうちに気にしてしまう。

まさに、結果ばかり見ている証拠です。

とくにホームラン王争いをしているときなどは、とにかく一発が欲しい。気ばかりが急いてしまうのでしょう。いくらスタンドを見たって、入るわけないんですけどね。

なぜかといえば簡単な話、それでは肝心のバットにボールが当たらないからです。

自分がホームランを打てる球はどれなのか、ホームランを打てるカウントにするにはどうしたらいいか、相手にどんな球を投げさせたら打てる確率が高まるのか……そんなことを考え、分析して打席に入らなければなりません。あるいは風の吹く方向をとらえて、打つ方向を考えることも必要です。

とにかく、それだけの準備をしたうえで、最後はバットの芯でしっかりと打つ。そうしなければボールは遠くに飛ばないのです。

結果を残すためには、遠くにあるゴールばかりを見るのではなくて、その目標から逆算していま何をやるべきかを考え、積み重ねていくしかない。いまでもぼくはそう信じています。

著名なスポーツ選手や芸能人、企業家などの成功者には、「まずは自分が成功するイメージを描きなさい」とおっしゃる方がいます。

よい結果をイメージするのは、決して悪くない。でも、まちがえないでほしいのです。ただイメージさえすれば、自動的に成功するわけじゃない。イメージを描くことで、自分のなりたい姿が明確になる。すると、そこに到達するためには、いま自分が何をすべきかが見えてくる。この言葉の真意は、そういうことだと思います。

結局のところ、結果とプロセスのどちらか一つを選ぶという発想自体がまちがいなのです。

二〇〇八年の北京オリンピックでは、フジテレビの中継総合キャスターとして、実際に会場に足を運び、あらゆる競技の選手を取材する機会をいただきました。四年に一度の大舞台とあって、各国から集まってくる選手たちのモチベーションの高さたるや半端ではありません。

そんななかでも、二冠に輝いた競泳の北島康介選手からは、とりわけ研ぎ澄まされ、突き抜けたエネルギーを感じたものです。

年齢が上がるにつれて体力が落ちてくるなかで、彼は四年前よりもさらに記録を縮めてその場にいた。

年間一四〇数試合、毎日のように試合に出つづける野球選手と違って、彼らは四年もの月日を費やして、その場かぎりの一発勝負。野球なら、たとえ今日打たれても、明日はどう抑えようかと気持ちを切り替えればいい。けれど、北島選手は違います。百分の一秒を縮めるためには何をどうしたらいいか、その準備を四年間ひたすらやりつづけるわけです。

自分の泳ぎをビデオに撮って、水のかき方、抵抗や摩擦、力の配分……など、コーチングスタッフの方々といっしょに、コンピュータを駆使して細部にわたった科学的な解析を試みるのはもちろんのこと。つねに最先端の情報を採り入れ、綿密な研究もする。当然ながら日々のトレーニングも欠かせないわけですし、四年間、猛烈にストイックな生活を送っているのだと想像します。

百分の一秒の壁と戦っているのは、ライバルたちも同じです。水着にしても、これ以上はないというくらい突き詰めたところまで来ているいま、そのなかで突出した結果を出すのは並大抵のことではありません。

野球と競泳。土俵がまったく違いますから、どちらが上とか下とかではない。ただ、あの徹底した準備とモチベーションの高さは、どのスポーツの選手も見習うべきものだと思います。いえ、スポーツの世界にかぎらず、ぼくたちだれもがです。

ふつうに生活していても、テレビ中継を通して北島選手のあの突き抜けたエネルギーにふれるだけで、何か熱いものを受け取れるのではないでしょうか。それが、ぼくたち個々の生きる力にもなるんですよね。

周りの空気に流されない

はじめから結果を予測することなくメジャーリーグに挑戦し、みごと成功を収めた野茂英雄投手は、まさに優柔決断の思考の持ち主ではないでしょうか。

彼とぼくとは、アマチュア時代、ソウルオリンピックを含めて二年間ずっと日本代表でバッテリーを組んだ仲です。国際大会で彼が並いるバッターを次々と抑えている姿を見てきましたから、日本のプロ野球はもちろん、メジャーリーグに行っても成功できると、ぼくはそのころから確信していました。なにしろ、その後メジャーでスターダムに伸し上がるバッターたちとも互角以上の戦いをしていたのですから。

とはいえ、メジャーリーグに行くという決断自体がすごい。

当時、いったん日本球界を引退したら、日本のほかの球団とは契約できないとのルールがありました。しかし、その協約に海外は含まれていなかったのです。だから、海外とは契約してもいい。ルール的にはなんの問題もないわけです。

ところが現在とは違って、「海外、しかもアメリカのメジャーリーグで日本人が通用するわけがない」というのが一般的な空気でした。

いや、ぼくはそうは思っていませんでしたよ。なにしろ国際大会にいっしょに出ても、野茂投手が抑えている姿しか脳裏に焼きついていないですから。打たれる姿などめったに見ていないだけに、アメリカでも絶対にやれると思っていた。

しかし、当時は世論もマスコミも、どちらかといえば球団寄り。「わがままを通して勝手にメジャーへ行った」「行ったって、どうせたいした結果は出せないだろう」といった論調が大勢でした。そんな逆風渦巻くなかで、それでも行ったのですから、不屈の精神の持ち主としか言いようがありません。

彼は文字どおりひょうひょうとした男で、本人に聞くと「ふりかえってみれば楽しかった」なんてことくらいしか口にしません。そもそも、あらゆることに関してあまり気にしないタイプなんですね、彼は。ただ「野球がやりたい」「野球が楽しい」。純粋にそれだけ。基本的にマイペースなんです。人が何を言おうと気にしない。

それでも、彼なりに相当な覚悟で旅立ったのはまちがいありません。

メジャーに上がってからは別ですが、当初はマイナー契約でしたから、それほど行き届いたケアは受けていなかったと思います。言葉にしても、住む場所にしても、不安だらけだったのではないでしょうか。

そんな四面楚歌の状況で、彼は頑張った。いい環境のなかでいい結果を出すのはありうる話です。でも、あの環境で奪三振王を獲り、ノーヒットノーランを二度も達成した。しかも世界最高峰の舞台で。野球人にとっては最高の醍醐味ですよ。だれもがあこがれながら、でも、なかなかできることじゃない。それを自分の実力だけで成し遂げた。批判的な意見をすべて覆す結果を出したのですから、ほんとうにすごいですよ。

いまでこそ日本人選手がメジャーに挑戦するのは、めずらしいことではなくなりました。情報も入りやすくなったし、環境的にも整った。すべては野茂投手がパイオニアとなってくれたおかげです。

もし「どうせ日本人はムリ」という世間の声に彼が流されていたら、いまはない。はじめから常識や固定観念に縛られていたら、最初の一歩は踏み出せなかったはずです。

即決グセをつける

この服を着ていこうか、あの服がいいか……。

今日のランチはAコースにしようか、Bコースにしようか……。

日常の些細なことで迷うことはよくあります。迷うこと自体は悪くはないのですが、大勢に影響がない決断を後回しにして時間をかけてしまうのだとしたら、それはそもそも決断できないクセだと思うのです。

ランチのメニューを決めるのに熟慮した結果、やっぱり悩んで正解だったということもあるかもしれません。けれども、そのことによって周りにいるみんなを待たせたのであれば、「こいつは何も決められないヤツだな」と思われ、トータルとしてはマイナスなのではないでしょうか。たとえ正解にたどりついたとしても、時間をかけたという事実自体が正解ではなかったということが世の中多いような気がします。

何よりもそういう人は、いざ時間をかけられないここぞという場面においても決断できないと思うのです。

プロ野球の世界では、選手にしても監督にしても決断の連続です。

たとえばコーチから「この選手を使いたいのですが、どうしましょうか」と監督である自分に尋ねられ、「一日考えさせてくれ」と熟慮したくなることもあります。けれども、もし、その決断の遅れが致命的なミスにつながったら……。一日かけることによる弊害も十分に視野に入れておかなければなりません。

そのためにも、ふだんの何気ない選択において、決断するクセをつける訓練をしておいたほうがいい。

仕事では優先順位をつけることが大切であるとよく言われますが、ぼくは必ずしもそうは思いません。たしかに重要な案件から進めていこうとする姿勢はよくわかりますが、後回しにした案件ほどたいしたものではないことが多いわけですから、結局は仕事がはかどらないだけだとぼくは考えます。

仕事には優先順位をつけずに、どんどん処理していく。そして、それぞれに締め切りをつくること。それも締め切りは、近ければ近いほうがいい。実際には二、三日の猶予(ゆうよ)

があるものでも、極端にいえば、二、三分で即決するクセをふだんからつけておくことが、決断力を高めるいちばんの近道です。

失敗することはもちろんあります。もうちょっと考えていたら失敗しなかったのにと後悔することもあるでしょう。では熟慮に熟慮を重ね、逆の選択肢を選んでいたら成功できたのかといえば、そんなことはだれにもわからないのです。

失敗を恐れていては、いつまでも決断はできません。人生を左右するような選択でもないかぎり、不具合が出たら、そのときに埋めればいいだけです。問題が起きたあとにどのように処理して自分の糧とするか、むしろそれが重要なのですから。

優柔決断のヒント⑩ 最後は腹をくくる

弱いチームがまともに勝負したところで、なかなか勝てない――。

これが野村克也監督の代表的な考え、いわゆる「弱者の戦略」です。これまでお話ししてきたように、情報収集などの準備を怠ることを戒(いまし)める教えでもあります。

過去の対戦データや自他の弱点など、さまざまな情報を集めて、しっかりと分析・研究し、科学的にチームを動かそうとするのが野村ＩＤ野球なのです。

もちろん勝負ごとですから、最終的に勝つか負けるか、それはわかりません。わからないけれど、せっかく準備しておきながら、いざというときに躊躇(ちゅうちょ)するのでは、まったく意味がありません。

いえ、わからないからこそ準備するのです。事前に結果をわかろうとすることが、最大の問題なのです。

最後の最後にもっとも大切なのは、どれだけ腹をくくれるか、踏ん切れるか。積極的に勝負する決断力を発揮できるかです。

大事な場面で決断できるかどうかは、その人の自信にかかっています。

「ここまでやったのだから、最終的に負けたとしてもしょうがない」

あきらめではありません。本心からそう思えるまで完璧に近い準備をしておくこと。そのプロセスがその人のメンタリティを上げ、自信へとつながります。自信があれば勝負にいける。結局は、準備の質と決断力の強さは比例するのです。

準備もした、前向きにいけた、でも相手のほうが上だったということもある。全力さえ尽くしていれば、それでも後悔はしないはずです。

決断できない理由に「失敗したらどうしよう」という精神的弱さをあげる人がいます。

しかし、スポーツのような勝負ごともビジネスもそうだと思いますが、失敗しても必ず次がある。それが明日なのか一週間後なのか、はたまた一年後なのかはわかりませんが、必ず取り返せるチャンスがあるのです。

だから、決断を恐れないでほしい。

第2章

力の源は「負けたくない」という気持ち

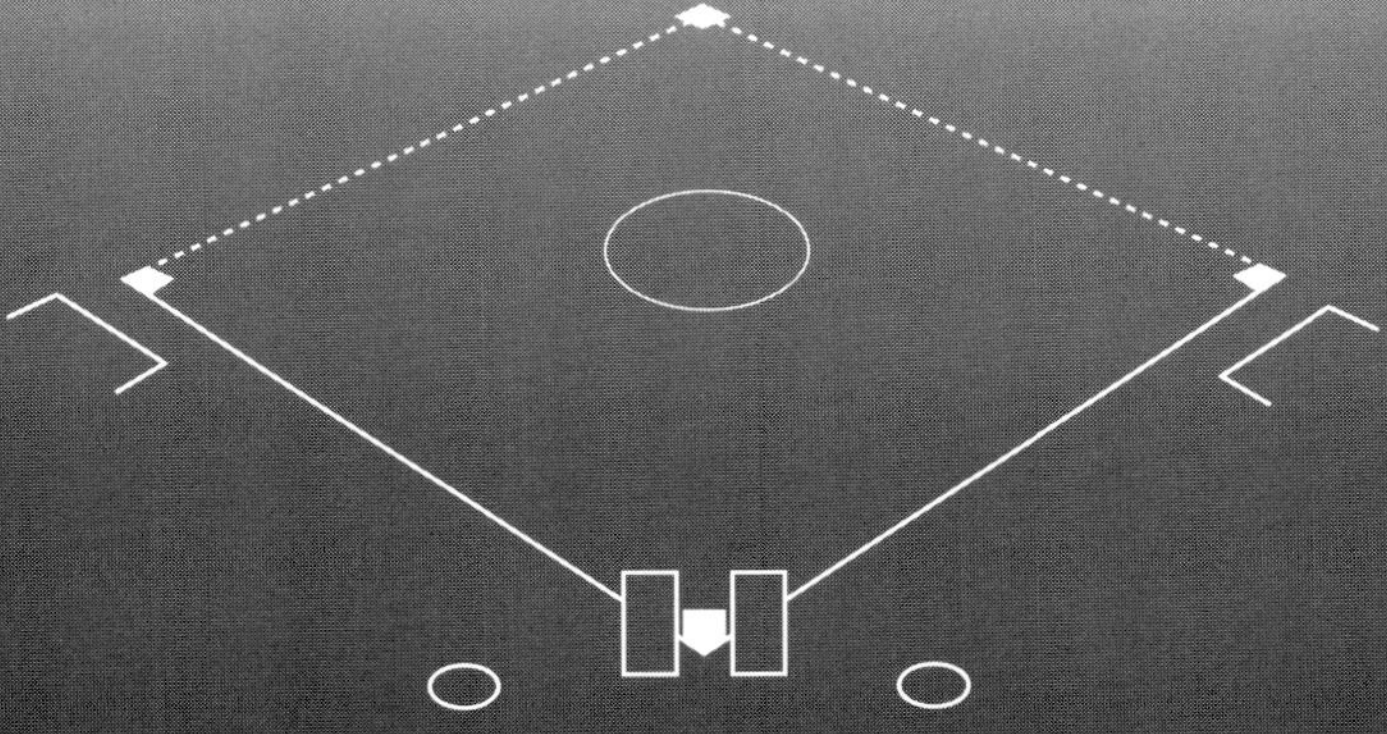

勝負ごとの原動力は「負けたくない」

ぼくも勝負の世界に生きているほかの人たち同様、負けず嫌いの人間です。ときには負けて「まあ、しょうがないよ」と冷静を装うこともありましたが、それも、つねに勝ちにいって、結果、負けてしまったときの負け惜しみ。はなから勝負をあきらめたことなど、一度たりともありません。

若い選手のなかには、そんなぼくにキツイことをバンバン言われた選手も大勢いるだろうと思います。勝つために必死なのですから、言葉も荒っぽくなってしまうんですね。プロである以上、勝ち負けは即、生活にかかわります。もっとストレートな言い方をすれば、お金がかかっている。勝つか負けるかで年俸も変わってくるのですから、のんびり構えてはいられません。

「こいつに負けてたまるか」という意気込み、相手がだれであっても「名前負けなんか絶対せーへんぞ」という気構え。これはプロとしての大前提です。

そして、どんな相手でも、負けたら「悔しい」と思えること。「あいつはすごい。あんな相手じゃとても無理」と、ほんの少しでも弱気になったら、その時点で負け。「どんなすごい球でも、絶対打ってみせるからな。この野郎！」

これくらいの勢いで発奮し、闘争本能にスイッチを入れないと、プロの土俵には立てないのです。

そのうえで、柔軟な情報収集力や決断力を武器に「優柔決断」の手法を発揮してはじめて、ほかの選手より一歩リードできる。負けん気の強さだけを競ったら、プロ野球選手はみんなほとんど横並びですからね。

高校時代は、まったくの無名選手でした。通っていたのも兵庫県立川西明峰高校という公立の普通校。とくに野球に力を入れている学校というわけでもなく、夏の大会も予選落ち。華やかなキャリアなどまったくありませんでした。

立命館大学へも一般入試での入学でした。しかし、そこから猛練習して力をかなり伸ばすことができた。大学四回生のときには、日米大学野球のオールジャパンのメンバーに選ばれて、レギュラーの座も獲得した。プロを意識するようになったのは、そのころからでした。

にもかかわらず、あのドラフトの結果です。「一位か二位で指名しますから」と言っておきながら当日、知らん顔だった球団には、心底、腹を立てました。

「ドラフトにかけるって言ったやろ。全部ウソやったんか！」

スカウトへの恨みが一気にこみあげて爆発しました。あのときの悔しさは生涯、忘れることができません。

そんなときでも、ぼくの力になったのは、両親から受け継いだ反骨精神でした。ぼくの両親は田舎から都会に出てきた人たちだったからでしょうか、何があってもへこたれない人たちなんです。口グセは「負けられへん」。この負けん気でどんな逆境もはね返して生きてきた。

悔しいとき、苦しいとき、困難に立たされたとき、ぼくはいつも両親のこの言葉を思い出します。そしてどんな状況のなかからでも、次へ向かって歩き出すパワーをもらうのです。

人を観察してしまうクセ

小学校三年生のときに、地元の少年野球チーム「加茂ブレーブス」に入りました。それまでは、同級生や近所の子どもたちといっしょに、やわらかいボールを使って駐車場や空き地で遊んでいた程度。ですから、野球とのきちんとしたかかわりは、このときからだと言っていいと思います。

加茂ブレーブスには一〇〇人ほどの小学生が所属していて、ＡＢＣＤと四つのチームに分かれていました。プロでいうならば一軍から四軍にあたるのでしょうか。三年生だったぼくはＤチームに入れられた。そのチームにはキャッチャーがいなかったという事情もあります。

「だれかキャッチャーできるヤツいないか」

監督からそう聞かれたとき、友人の一人がなぜか「古田くんができます」と言ったんです。「えーっ」と思ったんですが、「おまえ、できるのか」と監督に聞かれて、とっさに「はい」と答えてしまった（笑）。

それがキャッチャーというポジションとの出会いです。

なぜその友だちは、ぼくがキャッチャーをこなせると言ったのか。当時、ぼくは太っていたんです。『巨人の星』の伴宙太（ばんちゅうた）や、『ドカベン』の山田太郎じゃないですけど、太っている＝キャッチャー、そんなイメージがあったからでしょうね。

そんなわけで、小学三年生からずっとキャッチャーとして生きてきた。いまにいたるキャッチャー的な発想や考え方は、自然に身についたものなのかもしれません。

プロに入ってから、「いかにもキャッチャー向きの性格だ」などと言われたこともあったのですが、「そんなこと、いまさら言われてもよくわからんなあ」というのが正直なところです。

キャッチャー向きの性格とは何か？

それは、人をよく観察することだと言われます。

たしかに、つい人を見てしまうクセはありますね。街を歩いているときに、前から来る人をジロジロ見る……なんてことはさすがにしませんが、野球となるとスイッチが切り替わる。相手チームの選手はもちろんのこと、味方の動きや表情なども、つねによく見ています。

もともとキャッチャー向きの性格だったのか、キャッチャーというポジションを与えられたせいでこうなったのか……。

自分では、あとのほうではないかと思っているんです。キャッチャーをやっているうちに、知らず知らずにそういうクセがついたというのでしょうか。もともと、それほど観察力があるほうじゃない。だから、生まれもった素質というより、たぶん後天的なものではないかと思いますね。

伸びた靭帯、人より曲がる身体

ぼくの関節は、じつは人よりもゆるいんです。

たとえば手の指にしても、膝や肘（ひじ）にしても、ふつうでは曲がらないところまで曲がってしまう。可動域が広いと言ってもいい。

関節には、関節がガクッと外れないために靭帯（じんたい）というものがあるのですが、その靭帯が人より長いらしいのです。伸びた状態とでもいいましょうか、遊び（余裕）がある。これはもう「ゆるい」という表現をするしかない。高校生のころから、接骨院に行くと「古田くん、膝、ゆるいね」などと言われたものです。膝にテーピングをしようとすると、膝がグラグラする。「靭帯、切れてるの？」なんて心配されたこともあります。

ゆるいから、かなり無理なところまで曲げても、関節が外れてしまうことがない。過去に何度か、外れそうで外れないという経験をしています。また、靭帯が切れることも少ない。ふつうの長さの靭帯なら、負荷がかかったときにブチッと切れてしまう。でも、ぼくのは〝遊び〟があるから、かなりの負荷までは耐えられるのです。

これは生まれもったものですから、親に感謝するしかありません。とはいえ、人より曲がることは、決して強さとイコールではないんですね。

ボールを飛ばす動作一つとっても、じつは身体が硬いほうがボールは力強く飛ぶ。たとえば、消しゴムをひねってポーンと戻すときを考えてみてください。硬い消しゴムをグーッとひねってポンと離したら、ビューーンと勢いよく戻りますよね。

つまり、ひねりの動作を使ってボールを遠くに飛ばすには、身体がやわらかいとダメだということ。一見スピードはあるように見えても、距離は出せないのです。

ただし、身体が硬いと、どうしてもケガが多くなる。その点では、ぼくのほうが有利だったかもしれません。関節をやわらかく使えるから、膝もよく曲がる。ですから現役時代もケガは少なかったほうだと思います。

ぼくは〝女の子座り〟ができますからね。〝女の子座り〟って、子どものうちなら男でもできる子がいるかもしれませんが、大人になったらふつうはできなくなるものなんです。筋肉がつくと、どうしても曲がりにくくなりますから。

こんな話をすると、「じゃあ、お相撲さんみたいに脚を開いて身体をベタって前に曲げられるんじゃないの」などとよく言われます。

でも、ぼくの身体は、やわらかいというより関節がゆるいだけ。だから立ったまま前屈すると、けっこう硬い。やっと手が床に着くくらいです。

生まれもった身体は、自分の力ではどうにもならないものです。この身体がスポーツをするうえでいいか悪いかは検証できないし、悪かったとしても自分の力ではどうしようもならない。要するに、身体は与えられた環境なんですね。

だから、受け入れるしかないわけです。

視力の悪さはコンプレックスではない

お話ししたとおり、乱視のためメガネをかけてプレーしなければならなかったのも、ぼくが受け入れるしかない環境の一つでした。

小さいころから、どの眼科医に行ってもこう言われたものです。

「こんなに強い乱視はめったにいないね。いままで見たことがない」

医者が見たことないと言うのですから、相当にひどいのだと思います。

現役中から、メガネをかけても視力が一・〇ほど。残念ながら、それ以上は矯正できませんでした。いまでこそレーシック手術をするという選択肢もあります。でも、ぼくらの若いころはそんな技術はまだありませんでしたから。

視力と動体視力は、連動しているのだそうです。以前、ある研究所で、野球選手を集めた眼の検査があって参加したのですが、動体視力は下位のほうでした。もちろん視力も下のほう。専門の方に聞いたら、やはり視力が悪くて動体視力だけがいいというのはありえないとのことでした。

でも、こんなぼくの眼にもいいところがある。それは「瞬間視」。「瞬間視」とは、読んで字の如く瞬間的にものを見る能力のことを指します。〇・一秒、あるいは〇・〇何秒というごく短い時間に、八桁の数字が画面にパッと映し出され、それが「何桁まで見えるか」で測定します。

動体視力と違って、これはなんとぼくがトップ。八桁の数字をぼくは一瞬にして全部覚えていたんです。最速のスピードで全問正解できたのは、その研究所では、何十年も調べて過去四人だけだったそうです。かなり特殊な能力なのかもしれません。「瞬間視」が生まれもった能力なのかはわかりません。キャッチャーとしての日々の積み重ねのなかで自然に訓練されたものなのか。そういうこともはっきりとは解明されていません。そもそも、この能力が野球や日常生活の何かに活かされているのかさえ「わからない」としか言いようがないんですね。

ただ、これだけは自信をもって言えます。それは、視力が低いとか、メガネをかけているからといって、夢をあきらめる必要はないということです。

「メガネをかけたキャッチャーは大成しない」

そんな理由で最初のドラフトに引っかからなかったぼくですが、その後の生き方を通じて、それがたんなる一般論であり、まちがった常識であることを証明できたと確信しています。

与えられたハンディキャップを、コンプレックスにするのではなく、頑張るための原動力にする。自分のなかに、そんな反骨精神があったのは幸いでした。

上司に選ばれなければ意味がない

最初のドラフトで指名されなかったことで、非常に悔しい思いをしたのはもちろんですが、同時に、あることも学びました。

それは、自分がいくらプロに行きたいと強く願っても、「来てくれ」と請われる選手

にならないかぎり、プロには行けないのだということ。ドラフトは、自分が選ぶのではなく、あくまでも評価され、選ばれる場。そのことを痛感させられました。

「今度こそ呼ばれる側になって、絶対に見返したる！」

いったん社会人野球に入ると、二年間は在籍しなくてはならないのがルールでした。二年後のドラフトで指名されるためにも、このチームで成績を残さなくてはならない。ぼくはさっそく、まずはチームでレギュラーを獲得して、その先にあるソウルオリンピック出場に次の目標を切り替えました。

ですから、ご縁があって行くことになった社会人野球のトヨタ自動車では、レギュラーを取るために必死に練習しました。全日本に選ばれたいとの明確な目標があったからです。

ソウルオリンピックが行われたのが一九八八年九月。その年の一月に、有力選手の六〇人から七〇人が集められました。いわゆる選考合宿なんですね。

プロ野球ならテレビ中継を見れば、どんな選手なのかすぐわかります。でも、アマチュアとなるとテレビを通してチェックできるわけではないので、いい選手を選ぶのが難しい。合宿形式にしたのは、監督はじめ強化委員の方々が、選手一人ひとりの実力を実際に見るためだったのではないでしょうか。最終選考までに二カ月に一度くらいの割合で、合宿への招集がかかったことを覚えています。

招集がかかるたびに、六、七〇人いた選手がふるいにかけられ、徐々に人数が減っていく。けっこうシビアです。

そのような選考を経て、最終的には二〇人にしぼられるわけですが、最終選考の日にはまだその倍の四〇人くらいは残っています。二〇人の発表は、全員を一堂に会して行われました。

監督が、選んだ一人ひとりの名を呼び上げる。それはもう、なんとも言えない緊張感です。ドラフトで最後まで名前を呼ばれなかった苦い経験が一瞬、頭をよぎりました。呼ばれるか、呼ばれないか。天国と地獄の分かれ目です。いまでもあのキリキリとした感覚をリアルに思い出すことができます。

幸運にもぼくの名前が呼ばれたときは、「やった!!」という思いで、ほんとうに身体が熱くなりました。もちろん、落選した選手たちの気持ちはよくよくわかっていますから、その場で叫んで喜びをあらわにすることはできませんでしたが。

選ばれた二〇人のなかで、キャッチャーは二人。最終選考の場には四人ほどいましたから、結局、半分になったわけです。

選ぶのではなく、選ばれるために何をしたらいいのか。あのときのぼくは必死でした。ドラフトの苦い経験がありますから、選ばれるために最大の努力をしたのです。

まずは、監督が何を考えているのかを分析しました。

合宿が始まる当初から、監督が「キャッチャーは、一人は安定的なベテラン、一人は今後のためにも若い選手を連れていきたい」と話していることは知っていました。ぼくが入るとしたら、当然、若いほうだな。そう考えました。

しかし、それは同時に、席は一つしかないことでもあるんですね。ベテラン枠にはぼくは当てはまらないのですから。たった一つの席をめぐって、ライバルたちと争わなければならない。そのためにはやはり、ただ漫然と選ばれるのを待っているだけではダメなんです。

そこで、さまざまな方向に向けてアンテナを張り、できるだけ情報を集めました。

合宿にはキャッチャーの強化担当の方がいたのですが、その方がどんな野球が好きで、何をめざし、何をキャッチャーの美徳としているのかも自分なりに研究した。

人によっては、こなれたうまい選手より、下手でもいいから元気があって一生懸命な選手が好きな場合もあります。たとえば練習は最初から最後まで手を抜かない、どんなときも全力でカバーリングする、移動は必ずランニングで行う……など、そういう生真面目な面にガッツを感じて「こいつを使いたい」と思う指導者もいるわけです。

逆に、そんなことはいっさい関係ない。たとえ最初のウォーミングアップのときはだらだらしていても、本番で成績を残してくれればいいんだと考える人もいる。

そのようなことは、日々の練習で指導されたり注意されたりするなかで、言葉の一つひとつを聞いていれば、しだいにわかってくるはずです。それらをしっかりメモして、理解し、受け入れる。

ぼくのときは、たまたま強化担当の方は、元気な選手が好きな前者のタイプでした。だから、ぼくはつねに声を出した。ランニングのときでも、そんなに脚が速いわけではないのに、いちばん前を走った。カバーリングでも、「そこまでやらなくていいだろう」

というところまで走った。

大人なんだし、合宿に呼ばれるくらいの実力はもった選手の集まりなんだから、そこまでしなくてもいいだろうとふつうは考えるのかもしれません。実際、恥ずかしいのか、練習中に声を出す選手はあまりいませんでした。

だけど、ぼくは「そんなことは言ってられない」という思いでした。とにかくオリンピックに行きたい。選ばれたい。その一心でした。

自分の立場から目を逸らしてはいけない

上司の好みまで研究し、それに合わせようとするなんて、「なんだ、たんなるご機嫌とりじゃないか」と、あざとい作戦に思われるかもしれません。

でも、それは違う。決してただ気に入られるために機嫌をとっているわけじゃない。自分の目標を達成するためには最低限やらなければならないことだと、ぼくは思っています。活躍したければ、活躍するための機会をまずはもらわなければ、スタートラインにすら立てないのですから。

人それぞれ、自分のやり方はあるでしょう。会社の上司のやり方・考え方が自分とは違うこともあるかもしれない。でも、新入社員が「オレはこう思う。だからあんな上司には従わない」というのは、やはり十年早いと思う。

いまある環境を素直に受け入れ、その与えられた環境のなかで自分を活かす道を探すことが、まずは大切だと思います。それができなければ、いくら実力があっても認められません。

忘れてはいけないのは、自分は評価される側であり、選ばれる側であるということ。選ばれなければ、何も始まらないのです。

それは、たとえば企業がマーケティングという調査活動を通して、世の中が何を求めているのかを知ったうえで商品開発に励むのと似ているかもしれません。求められていないものを、いくら熱意を前面に出して、汗水垂らして必死につくりつづけても、赤字がふえるだけ。「オレはこうだから」と自分を押しつけるだけでは、たとえその商品が高性能であっても世に受け入れられないのです。

個人の場合もそう。自己をプレゼンするにもマーケティングは必要ですし、その調査結果に沿った準備は必須なのです。

ぼくの場合、実際そうしなければ試合に出られなかったですし、プロになるというのは、そういうことだと思っていました。ヤクルトスワローズに入団してからは、野村監督のめざす野球を頭に叩き込み、勉強し、準備を怠らなかったのは、前にお話ししたとおりです。

話を戻せば、とにかくあのときのぼくの目標は、一にも二にもオリンピックに出ることでした。ぼくは選ばれる側であるという自分の立場をイヤというほど知っていた。だからこそ、あそこまでの準備ができたし、本番でも好結果を残せたのだと思います。

脇を締めないキャッチング法が誕生した理由

オリンピックに出たいという明確な目標ができたこともあって、トヨタ自動車に入ってからは練習に集中することができました。

余計なことは考えず、まずは目の前にあることをとことんやるしかない。ドラフトでの挫折が、逆に自分を衝き動かす大きな力になりましたし、また、そうやって練習に集中することで、気持ちの落ち込みから脱却することもできました。

そんな日々のなかで、ぼくなりのキャッチング法が確立していったのです。

キャッチングの常識では、人差し指を天井に向けて、扇の如くミットを使うように教えられます。そうすれば右も左も柔軟にミットを差し出して捕球できるからです。

人差し指が真上になると、脇がちょっと締まり気味になります。ところが現実問題、ボールが構えたところにピタリとおさまるのは稀で、構えたミットの周りに向かってくる。それを捕ろうとすると、脇を締めた状態では難しいのです。操作性が弱いと表現すればよいのでしょうか。ハンドリングがあまり速くできないんです。

また、キャッチャーは、真ん中低目の球をしっかり捕るのが基本なのですが、ピッチャーが低めに投げても、捕ったときにボールの勢いに押されて、キャッチングのポイントが下がってしまうことが多い。ほんとうは低めの球をパシッと音を立てて捕ってあげたいのだけれど、ポイントが下にブレてしまうんです。

なぜ、そうなってしまうのか？

いろいろと考えた結果、やはりそれも、脇を締めているからではないかと思い当たった。

ピッチャーにしてみれば、「オレはしっかり投げたのに、キャッチャーのミットがブレてるじゃないか」と感じてしまうのは気分が悪いものです。

真ん中低めの球は、やはり下からミットを差し出さないとパシッとは捕れない。上からでは、勢いに押されて下がってしまう。下からいってパシッ。そうやって上方向に勢いがついて見えたほうが、ピッチャーとしても嬉しいのです。球が伸びているように見えますからね。

そこで下から捕ろうと思ったら、脇は締めないほうがいいのです。

脇を締めずに、人差し指をおよそ斜め四五度くらいにして構える。そうするとハンドリングがスムーズなんです。そのほうが捕球したときにミットもしっかりと止まります。

同じように、脇を締めていると、真ん中から外に向かって捕りにいったとき、ミットの重みもあってより外側に向いてしまいます。しかし脇を締めずに最初から外回りでいけば、ボールを的確に捕れる。外角の球でも逆に内側に入って見えますから、ストライクゾーンに入っているように見せたいピッチャーにとっても嬉しいことなのです。

そんなわけで、脇を締めないキャッチング法は、ピッチャーにも評判がよかった。みんな、「投げていて気持ちがいい」と言ってくれました。

ぼく自身も捕りやすいし、ピッチャーも喜ぶ。

だったらこの方法でやってみようと考え、いつしかぼくのスタイルになったのです。なかには「ボールの球をストライクに見せるためじゃないか」と疑う人もいました。勘違いされやすいんですよね。プロにまでなって、アンパイアをだまそうなんて思いませんよ。もちろんアンパイアだってプロ。だまそうとしたって、そうそうだませるものじゃありませんからね。

脇を締めないキャッチング法は、単純に、もっとしっかりパシッパシッと止めたいとの思いから生まれたアイデアです。

「革新的だ」などと褒めてくださる方もいますが、それほどのことでもない。一つのアイデアであるというだけの話。ですから、いまでもそれがベストだとは思っていません。改良の余地はあるはずだし、別のもっといい方法があるとも思っている。野球はまだまだ進化できると考えていますから。

大きなミットを選んだ優柔な発想

みんなが必ずしもそうだったわけではありませんが、上手な人は小さなミットを使うと言われた時期がありました。

小さなミットは、物理的に自分の手にきちんとボールが当たる感触があるから、安心感があるんですね。逆に大きなミットは、捕っても手と接触していない箇所に入る可能性が大きいので扱いにくいというのが、敬遠された理由です。

ですから、できるかぎり小さなミットを使うキャッチャーが多かったですし、ぼくもアマチュア時代は、それが正しいと思って疑いませんでした。

ところがプロに入ってみると、球は速いわ、手元で急に曲がるなど変化も鋭い。パスボールしてしまうこともありました。

そこで思ったのです。デカイほうが入るんじゃないか、と。

単純な話です。大きなミットは重いし、扱いにくい。でも、入るんですよ。

たとえば捕ろうと思ったら、思ったよりもボールが曲がったとします。

「ああっ、間に合わない」と思っても「入った！　デカイおかげで」といった経験をけっこうしていたんですね。

もしかしたら、ミットは大きいほうがいいんじゃないか――。

しだいにそう思うようになっていきました。そこで、どこまで大きくできるのか、実際、業者さんに頼んでさまざまな大きさのミットをつくってもらいました。

業者さんもそんなに大きいのはつくったことがないですから、最初はこわごわです。少しずつ大きいものをつくっては、実際に使ってみる。もう少しいけると思えば、さらに大きくして、また試してみる。「さすがにここまで大きいと使いづらいなあ」となれば、いったん戻す。そんな試行錯誤の連続でした。

そして、最終的に「これだ！」と思えるサイズがわかったのです。

「わあ、やっぱりデカイなあ」

完成した当初はそう感じても、革はやわらかくなると丸まって小さくなっていきます。ですから少々の大きさでも、使い込んでいくうちになじんできて、大きさはあまり気にならなくなっていきます。

大きいほうがいいのか、小さいほうがいいのか。結局のところそれは、使う人に合っているかどうかというだけのこと。いまではそう思っています。

球界一バットを取り替えた男

ミット同様にバットについても、ぼくはかなりいろいろなものを試しました。

一般の人には同じに見えるかもしれませんが、バットの形は選手によってさまざまに違います。もちろん長さも違う。いちばん短いもので三二インチ（約八一・二八センチ）。ミスター三冠王の落合博満監督（現・中日ドラゴンズ）は現役時代、三五インチ（約八八・九センチ）のものを使っていたようですから、ほかとはかなり差がありますよね。長さだけではなく、バットのグリップの太さや、ボールが当たる芯の部分の太さ、グリップエンドの形など、人によってぜんぜん違います。たいへん興味がありましたので、チームの先輩・後輩はもとより、ほかのチームの選手からも借りたりして調べたことがありました。

じつはこのような試行錯誤を、現役を終えるまでずっとやっていたんです。

二〇〇〇本安打を達成したときもそうでした。ちなみに、このときは同僚だった「飯田（哲也）モデル」のバット。これがいちばんしっくりくるかなと、たまたまその際に選んだものでした。

そうやってシーズン中でも、自分の状態に応じてどんどんバットを替えていました。新しいバットを使ったらもう古いものは使わないのではなく、こちらを使ってみたり、あちらを使ってみたり、その日その場で選ぶのです。

たとえば「このピッチャーは今日、変化球が多いな。低めのゆるい変化球に対応しないとマズイ」といったときには、ちょっと長めのバットを用意する。ゆるいカーブなどの変化球は、ふつうの長さのバットでふつうに手を出すと、必ず先に当たってしまいます。だったら長いバットを使えば芯に当たるんじゃないか——。これも単純な発想です。実際、きっちりと芯に当たることが多くなりました。ただし長いぶんだけバットのヘッドスピードが遅れますから、直球に対しては振り遅れる。利点もあれば欠点もあるわけです。

いずれにしても、そのようにバットそれぞれの特徴が理屈でわかっているだけでも、うまくいくケースはけっこう多いんですね。ぼくの場合は、その日その場の対応型。おそらくイチロー選手は、そんなことはしていないはずです。彼はずっと同じバットですし、たとえばバットを短くもった姿すら見たことがない。

彼にしてみれば、ぼくのやり方は邪道かもしれません。でもぼくは、そうは思わなかった。要するに野球というスポーツは、十人十色なんですね。構えも違えば、手にしているバットも違うし、打ち方も違う。これが正しいといえるものは、正直ないと思う。

これがゴルフとなると、話は異なります。ボールを打ったときの分解写真などを見ると、ほとんどみんな同じですよね。やはりこの打ち方がもっとも飛距離が出るとか、この方向へ飛ばすにはこの構えが最適といった理論が、すでに科学的に検証されているからなのでしょう。それが証明されているから、トレーニングにしても科学的に根拠が確かな方法が確立されています。

野球の場合、そう簡単にはいかないのは、ボールが動いているからではないかと思うのです。ゴルフのように止まっているボールを打つわけではないので、ボールの動きまでを含めた「いちばんいい方法」を確立するのは難しい。ですから一人ひとり、方法がまったく違いますし、違っていても、なんらおかしくないのです。

正しい解答がない以上、いまよりもっといい方法がないかと、つねに可能性を求めてチャレンジすべきなのは言うまでもありません。

「○○流」がないのが古田流

イチロー選手が、振り子打法という、それまでだれもやらなかった方法を生み出したのも、そのチャレンジの一つ。ぼくがかつて真似してみたように、「ではイチロー選手のあの打ち方の何が利点なのか、実際にやってみよう」と思うのもチャレンジです。決して「これが最高」と断言できるものはない。もし振り子打法が最高の打ち方なら、みんなやっているわけですからね。

ぼくは球界一バットを替える男だった。

そうしたのも「これが正しい」という答えがなかったから。バットにしてもバッティングにしても、つねに「もうちょっと上があるんじゃないか」と考えてきました。いまだにそう思っています。きっと結論は出ないですね。

プロ野球選手としては、けっこうめずらしいタイプだったのかもしれません。

ぼくらは技術屋なので、イチロー選手なら〝イチロー流〟、落合さんなら〝落合流〟というように、何かを「極める」選手が多い。でもぼくには〝古田流〟と呼べるものがありません。

「強いて言うなら、おまえは無手勝流だな」

当時の伊勢孝夫打撃コーチには、そう指摘されたことがあります。

流派がないのが流派と言うべきなのでしょうか。

「最後まで何も定まらなかった人間」と言われれば、そうかもしれません。ただ、定まっていたらもっといい成績を残せていたのかといえば、そうとはかぎりません。やはり自分のやり方は、それほどまちがってはいなかったと思います。

そんなわけで、ぼくが試合で使用したバットは何種類にもなります。一本のバットに愛着をもつ選手もいるだろうけれど、ぼくはそのあたりの割り切りはいいほうなんです。もちろん道具を大切にする思いはありましたが、決して固執（こしゅう）はしない。

打てないときは、バットのせいにしたこともあります。

「なんでダメだったんだろう。そうだ、バットが悪かったんだ」

無責任に聞こえるかもしれませんが、それがストレスをためない方法でもあるんです。過ぎてしまったことをグチグチ悩んでいては、次に進めませんからね。打てなかったら、次の打席は別のバットに替えてみる。それだけで気持ちも入れ替わって、前の打席のマイナスイメージを払拭（ふっしょく）できることもある。

「さっきはダメだったけど、バットを替えたから今度こそ打てる！」

そのように前向きな気持ちで勝負に臨めるのなら、たとえ縁起担ぎだろうと、いいことではないでしょうか。

決して意表は衝いていない初球打ち

キャッチャーのリードでもっとも難しいのは、初球のサインを出すときです。バッターがどう出てくるか、まったくわからないからです。

一球でもボールが通過すれば、打ちにきたのか、打つ気がまったくなかったのかはわかることも多い。タイミングが遅れていれば、それも見えます。とにかく一球投げれば、二球目の判断材料になる。でも一球目にはその材料がないわけです。

真っ直ぐをねらっているのか、カーブをねらっているのか、外をねらっているのか、インサイドをねらっているのか……。何を考えているのかわからない。

ですからどちらかというと、ピッチャーを優先してサインを出すことが多いんですね。ピッチャーのいちばん得意な球で、とりあえずストライクを取ろう、といった具合に。

「あれ？　初球はボールから入るのがセオリーなんじゃないの？」と思う方も多いかもしれません。たしかに「初球はボールから入れ」という言葉はあります。

勘違いされやすいのですが、これは「ボールを投げろ」という意味ではありません。振ってくる可能性が高いから、空振りかファウルでファーストストライクを取りなさいよ、ということ。

見逃しでワンストライクを取ろうと思ったら、当然ですがストライクゾーンに投げなければダメ。でも、相手は積極的に振ってくるから、ストライクゾーンだと打たれる可能性が高い。

ですからファーストストライクを取るには、振りにきても空振り、もしくはファウルになりやすい球を選択しなさいということなのです。

何の気なしに安易にボールを投げ込んでも、カウントが〝ゼロゼロ〟から〝ゼロワン〟に変わるだけで、状況は悪化するばかりです。相手が積極的に振ってくるのだから、バットを振らせて〝ワンゼロ〟をねらうべきなのです。

話を戻しましょう。

とりあえず、初球はストライクが取りやすい球を。

ぼくがそう考えるのですから、ほかのキャッチャーも同じことを考えるはずです。しかもぼくはホームランバッターではないですから、積極性が高いといっても、ピッチャーは初球からストライクゾーンに投げてくる可能性が高い。

だったら初球から打つべきじゃないか――。

データ的にも、ゼロストライク、ワンストライクは、バッター有利のカウントですから、もちろん打率が高い。逆にツーストライクまで追い込まれると、三振はしたくないから、どうしてもあらゆるボールをケアして当てにいったりする。よって、どんな好バッターでも打率は低い。当たり前といえば当たり前ですよね。

野球をシンプルに考えれば、ツーストライクと追い込まれたらバッターは不利なのですから、それまでに仕掛けるべきなのです。ましてや、ぼくはキャッチャーとして、同じキャッチャーの心理はよくわかります。読みが当たる確率は高いはずです。

それなら初球を打たない手はない。

相手のねらいを読み、そのとおりにさせないのが野球の醍醐味です。

入団一年目の外国人選手が、自分が打てないのを棚に上げて「日本人はなんでストライクを投げないんだ」と文句を言うことがあります。

とくにメジャーリーグの主力だったような選手は、粘ってフォアボールを取りにいくといった発想をあまりもっていないんですよ。とにかく来た球を遠くに飛ばしてなんぼ……とでも言うのでしょうか。野球に関する文化の違いといえば、それまでかもしれませんが。

来た球を打つ。もちろん野球はそういうスポーツ。ただ、そこに綿密な駆け引きあり、大胆な勝負ありで、両チームの頭脳と心理が複雑に絡み合って成立している。だからこそ野球はおもしろいのです。

ぼくの初球打ちも、そんなさまざまな厳しい場面を踏んできたからこそ生まれたものだと思っています。

準備があるから相手の心理も読める

一九九五年の日本シリーズ、ヤクルトスワローズは、オリックス・ブルーウェーブ（現オリックス・バファローズ）を降して日本一に輝きました。

その年の日本シリーズは、首位打者、打点王、盗塁王、最多安打、最高出塁率の「五冠王」を獲得したイチロー選手との対戦に注目が集まり、野村監督のミーティングでも、イチロー選手をいかに封じ込めるか、作戦会議に多くの時間が割かれました。

結果的にイチロー選手を抑えて日本一になることができましたが、最後にホームランを打たれましたから、抑えたという感覚はあまりないですね。

当時のオリックスは、たいへん投手力のいいチームでした。日本シリーズの五試合もすべて僅差。こちらもあまり点は取れませんでした。向こうは一、二点取れば逃げ切れる投手陣がいましたので、一点ずつでもいいからワンチャンスで小刻みに取ってくるプレースタイルのチームでした。

イチロー選手に塁に出られると、当然、点を取られる確率が高い。盗塁もあるし、ワンヒットでホームまで帰ってくる。イチローさえなんとか抑えれば、ぼくたちにもチャンスがあるといった印象でした。

ですから、もちろんイチロー選手を徹底的にマークする。いくらすごいといっても、ふつう、それほど一番バッターをマークすることはないのですけどね。やはりクリーンナップのほうが打たれたら怖いですから。

ただあの年は、阪神・淡路大震災の悲劇もあり、「がんばろうKOBE」を合言葉に、オリックスを応援する風潮が強かった。世の中もマスコミも、イチロー選手が打てば勝てると盛り上がっていたんですね。

逆にいえば、イチロー選手が打たなければオリックスは勝てない。そんな雰囲気でしたから、イチロー選手のプレッシャーも生半可なものではなかったでしょう。シリーズが始まる前から、彼はおそらく気負っているにちがいないとぼくは読んでいました。「おまえ頼むぞ」などとやたらに言われたら、ふつう、だれだって気負ってしまう。それまでに日本シリーズを経験していましたから、そんな気持ちは想像できました。

必要以上に気負うと、ふつう野球選手はどうなるか？

いつも以上に積極性が増して、ボール球にも手を出してしまうんですね。ぼくも九二、九三年の日本シリーズで同様のジレンマに陥りました。「打ってくれ」とみんなが祈っているのに、見逃してばかりいるわけにはいかないですからね。仮にそれでフォアボールを取って、出塁できたとしてもおもしろくない。みんな打つ姿を見たいわけですから。だから打ちにくる。ボール球も振る。要するにストライクゾーンが広くなる。

結果的には最終の第五戦でみごとにホームランを打たれるわけですが、そのころになって、イチロー選手もようやく冷静になってきたのでしょう。数試合早く冷静になられていたら、おそらくもっと打たれていたと思います。よく日本シリーズの雰囲気に呑まれるといいますが、そういうことが勝負の行方を分けることはたしかにあるんですね。

野村監督の采配は、レギュラーシーズンと日本シリーズで、とくに変わることはありませんでした。ただ、やはり日本シリーズのほうが、準備にかなりの時間をかけました。ミーティングは、毎日二時間はあったでしょうか。そのうえ、ぼくの部屋には、さまざまな情報を集めたビデオが山積みでした。

ビデオには、たとえば相手のレギュラー選手九人に関して、それぞれ「この選手は、どんな場面でどんなバッティングをするか」など、あらゆる場面を集めた映像が入っているんです。

もちろん、バッティングに関してだけではありません。ミスがあったときに自分一人で汚名を返上しようとするタイプか、チーム全体で巻き返しを図ろうとするタイプか、といった、選手の性格を分析するための資料もある。ですから、ものすごい量です。

野村監督はそれらを「すべて見ろ」と指示するのですから、時間がいくらあっても足りませんでした。眠っていても、夢にまでビデオ映像が出てくることもあった。「これじゃノイローゼになるよ」と冗談交じりにこぼしたものです。

それでも、ぼくも準備は完璧にしたいタイプです。日本シリーズの前には、手元にあるビデオはすべて見て分析し、頭に叩き込んだ。

実際、その準備がすべて役に立つ保証などありません。ただ、できるはずの準備を怠ったせいで負けることほど、悔しいことはない。負けたあとに「あのビデオを見ておけばよかったのに」と後悔だけはしたくない。

勝負はやってみないとわからない。でも結果はどうあれ、自分にできる最善の準備はすべてしておきたい。勝っても負けても、悔いのない戦いをしたいのです。

人間にはどこかに必ずクセがある

準備の一つとして、ピッチャーのクセを分析することも徹底してやりました。

まずはボールの握りを見るんですね。ふつうピッチャーは、たとえばワインドアップでもセットポジションでもいいのですが、投球モーションの途中で握りを変えることをあまりしません。ストレートを投げるときの握り、カーブの握り、フォークの握りと、その選手独特のクセがあるものなのです。

投球時にその違いが起きていないかをよく見るのです。

「変化はどこかに必ず表れる」と思って見ていれば、しっかりと見える。「どうせそんなのわかりっこない」と思えば、見えるものも見えません。

クセが出るのは、ボールの握り方だけではありません。

ストライクゾーンを九分割のマス目にした、いわゆるチャートというものがあります。ピッチャーはそれを使っているので、球のコースをイメージするときは、たいていそのマス単位で考える。たとえば、変化球を投げるときには「だいたい、あのあたりに投げよう」と、自分がイメージするマスをぼんやりと見て投げるものなんです。

その一方で、真っ直ぐを投げるときは一点をねらいます。すると何が起きるかといえば、投げる直前にちょっとした「間」が生じるんです。真っ直ぐだから、あの一点、あそこのあの隅をねらわなければ……などと慎重になるのでしょうね。それがワンテンポのズレとなって表れる。

このようにピッチャーならではのクセをつかんでしまうと、「あっ、今度は真っ直ぐが来るな」と見当がつくわけです。

かなり観察しても、クセの出にくいピッチャーもいます。反対にクセが出やすいピッチャーは、一つ修正しても、また次のクセが出る。

いずれにしても、「人間である以上、どこかに必ずクセが出る」とぼくは思っています。クセのマニュアルも存在するくらいです。

おもしろいですよね。

第3章

意外性にもワケがある

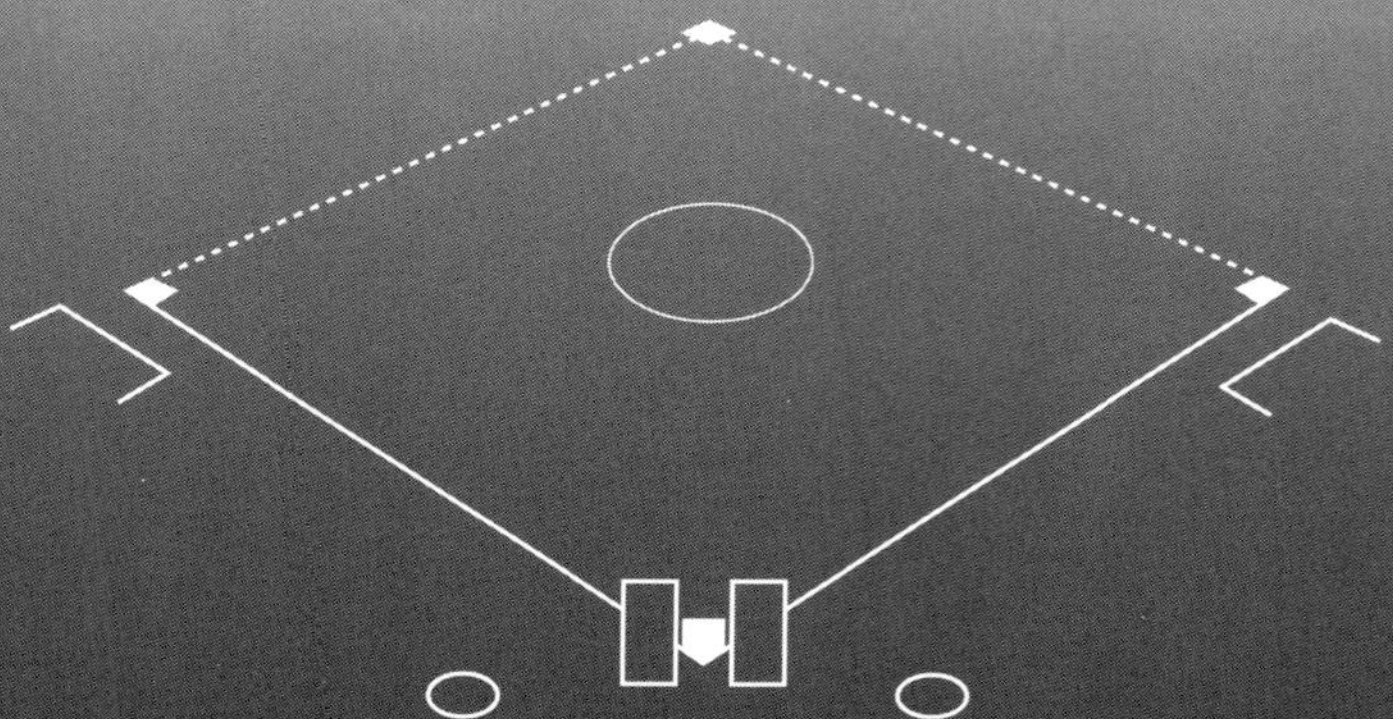

独創力とは思慮深い模倣以外の何物でもない

右バッターで打率も高くホームランもよく打った最強打者はだれかと問われれば、ぼくは真っ先に落合博満監督をあげるでしょう。落合さんは、いわゆる「神主打法」と呼ばれる打ち方が特徴でした。あの打法がすばらしい結果を生み出したのですから、本来なら、みんなが真似してもいいはずです。ところが、現実にはそうじゃない。

「あれは難しいからとても無理」と言う人やら、「落合さんだからできるんだ」とあきらめてしまう人。最初からやってみようとさえしないのです。

ぼくはとりあえずやってみようと思ってトライします。なんとか本物に近づくように実際やってみる。身体の使い方一つとっても新しい発見があり、学ぶところが大きいからです。

べつにそのスタイルを本番で使わなくてもいい。ただ、その練習過程で得たものが自分にとってかけがえのない財産になると信じているのです。

落合さんの真似もずいぶんやりました。客観的に見たら、ぜんぜん似てなかったかもしれない。でも、ぼくのイメージでは「おっ、いま落合さんになってるな」。完全にその気になったりしていましたね（笑）。

「すべての芸術は模倣から始まる」という言葉があります。また「独創力とは、思慮深い模倣以外の何物でもない」とフランスの作家ヴォルテールは語ったそうです。野球も同じではないでしょうか。

たとえば王貞治さんの「一本足打法」は、やってみると想像以上に難しい。

お話ししたように、ゴルフは静止しているボールを打つので真似しやすいのでしょう。結果、個性がなくなるという欠点もあります。

一方、野球の場合、動くボールを打つわけですから、そのぶん難しい。バットがボールに当たるインパクトの瞬間だけなら、同じような打ち方はできるかもしれませんが、そこにいたるまでのプロセス、たとえば体重移動やタイミングのとり方などは人によってぜんぜん違う。

その意味では、「これが正しい」と認定されるバッティングフォームは、永久に確立されないと言っていいでしょう。

だったら、いろいろな選手をお手本にして、使えるフォームを五つ、六つ身につけておけば、どれも役に立つんじゃないか。五つの選択肢があれば、ピンチになっても臨機応変に対応できる。あるスタイルで結果が出ずにスランプに陥れば、別のものに切り替えられる。バットも数種類なら、バッティングフォームも数種類。

「自分のスタイルはこれ」と頑固になるより、状況に応じて次の手を出せるやわらかな発想。ぼくはこちらを優先しました。相手も勝つために日々、変化を志し、レベルも上がっていきます。変化に対応できない人は成長できません。

自分を変えるためには真似をするのも一つのアイデアなのです。

自分の能力を最大限に活かす方法

王さん、落合さん、イチローくん……。これはすごいと思ったら、すぐに真似しようとしてきたぼくですが、正直、彼らとまったく同じように打つのは至難の業(わざ)です。

たとえば落合さん。身体を開いて右足に体重を乗せ、ボールを引きつけて打つ。その引きつける動作が難しい。そもそも軸足に全体重をつねに乗せておくのがたいへんなんですね。ぼくはキャッチャーだから膝もあまり強くない。この動きはかなりしんどい。

一方、イチロー選手の場合は、体をスライドさせる。左バッターなので、左足に体重を乗せ、打つときに右足に移して打つ。じつはそのほうが、バッターにとってはラクなんです。

ただ、ピッチャーが投じたボールが動いてくるのに、自分の身体も動いているのですから、スピードは加速します。ふつうなら一五〇キロの球でも、バッターが一〇キロのスピードで前に動けば、一六〇キロになるわけです。

だから、止まったままの打ち方より、イチロー選手のように動いて打つほうが、やはり難しいと言われています。

身体を動かすとインパクトゾーンが長くなるという利点もたしかにあります。打とうと思いながら身体をスライドして動かすと、バットに当たるゾーンが広がるのです。その代わり、あまり飛ばない。そのメリット、デメリットをどう使い分けるかが問題なのですね。

イチローくんは塁に出るのが最大の仕事ですから、インパクトゾーンを長くすることでバットのどこかにボールを当てることを第一に考えたのでしょう。

ではボールはどの方向に飛ぶかといえば、彼はスウェー（打つときに体重を前に移動させる）しているので、レフトに飛びやすい。左バッターですから、打球がレフト方向に飛ぶのは、彼にとってはウェルカム。たとえ内野ゴロでも、サードやショートに難しいゴロを取らせれば、右打者より数歩早く一塁に駆け込むことが可能ですからね。

しかもスウェーしているから、打った瞬間にはスタートを切っている。そのうえ、めちゃくちゃ脚が速いときていますからね。内野安打が多いのは当たり前です。

逆にいえば、右バッターがそれをやってもダメなんです。右バッターは、逆方向に打ったところでファーストゴロかセカンドゴロになってアウト。イチロー選手ほどヒットは稼げません。

イチロー選手は、そういうことをしっかりと把握しているんですね。相手がいちばん嫌がることを的確にやる。ショートゴロでもヒットにされてしまうのですから、守りようがありません。みんな前進して守るしかない。

すると、外野とのあいだにスペースができます。そこにポテンと落ちる可能性も高くなる。あるいはワンバウンドで内野の頭を越えることにもなる。つまりヒットゾーンが広くなるのです。まさに理に適（かな）った打ち方とはこのことでしょうね。これでは、なかなか抑えられませんよ。

このようにイチロー選手は、たんに技術や能力が高いだけではなく、自分のもっているメリットを理解し、それを活かしたスタイルを確立しているのです。

ですから、ただ人真似をすればいいかといえば、もちろんそうはならない。

模倣から始まって、実際に試してみると、メリットもデメリットもわかります。それらのバランスを考慮しながら、はたしてそれが自分に合っているか、自分を活かせることなのかを吟味（ぎんみ）する。それを続けていると、最終的にはオリジナルのスタイルができあがるはずです。

あらゆる選手のバッティングフォームの長所を観察し、分析し、真似してきたぼくですが、「じゃあ、いったいぜんたい、だれの打ち方に似ているの？」といえば、結局だれにも似ていない。

それでいいのだと思うのです。自分の能力を最大限に活かして、勝つ確率を高めるのが最終目標なのですから。

オリジナルとは「組み合わせの妙」である

バッティングフォームの例が長くなりましたが、世の中を見渡すと、どのような場面でも「オリジナル」の希少価値が叫ばれることが多くなっていないでしょうか。

新しい商品、新しい発想、新しいデザイン、新しい音楽、新しい生き方……。

たしかに新しく斬新なものは、人の興味を惹くものです。しかし、たとえば商品にしても、すでにこれだけモノがあふれる時代において、これまでには存在しない、まったくのオリジナルを生み出すのは、かなり困難ではないでしょうか。

出尽くした、とは言いませんが、自分が考える程度のことは、たいていすでに、だれかが考えているものだと思ったほうが自然です。

何かを始めたとしても「これはもう、だれかがやっている」。厳密にオリジナルを追求しようとすると、挫折感ばかりが募る。かえって気持ちが窮屈になってしまう恐れがあるのではないかと思うのです。

オリジナルをつくるのではなく、いまあるものを組み合わせることで新しいものをつくりだすと発想を転換してみたらどうでしょう。一から構築するのではなく、組み合わせを変える。工夫と置き換えてもいいかもしれません。

専門家でもないぼくが言うのはおこがましいですが、たとえば料理の世界は、すでに工夫の領域になっているのではないでしょうか。オリジナル料理とか、創作料理なんて言葉をよく聞きますが、極端な話、「なんだ、フランス料理に醤油（しょうゆ）を入れただけか」ということも少なくないですし。

ところが、組み合わせを工夫することで、「醤油を入れただけ」を超える意外な味覚や、言葉では表現できない奥深さを演出することができる。いいマッチングで思わぬ相乗効果が期待できることもあります。

女子高生がよくやるじゃないですか。たとえばカップラーメンに牛乳を入れたらどうなるか、みたいなことを。遊び感覚なのでしょうが、常識では考えられない食べ物の組み合わせで、第三の味をつくってしまう。カップラーメンに牛乳なんて「え～!?」と思うけれど、いまではそれが、大手メーカーから商品になって売られているらしい……。

食べ物にかぎらず、何かと何かを混ぜ合わせてみたら、一種の化学反応が起こって、想像もつかない新しいものができあがることは、あらゆる場面で見受けられます。

オリジナルという意味をもう少し広くとってみたらどうでしょう。組み合わせに工夫を凝らすことで、オリジナルと言っていいものは生み出せるのです。いえ、そもそもオリジナルの真の意味は、こういうことなのかもしれないとも思います。そう考えたほうが、より大胆で自由な発想ができるはずなのです。

あらためていまふりかえれば、ぼくの場合、目の前にあった落合さんやイチローくんなどのバッティングフォームのいいところを組み合わせて、ぼくなりの「オリジナル」を模索していたのでしょうね。

組み合わせを成功させるためには、もちろん〝いまある情報〟をきちんと分析していることが大前提です。「この素材と、この素材を組み合わせる」といっても、それぞれの味や特徴をきちんと知らなければ、とんでもない料理ができあがるだけ。なんでもいいからやみくもにやってみた、ではいけませんね。

いまあるものを組み合わせるにしても、まず大切なのは現状を徹底的に研究することなのです。

"いまある自分"も客観的に見つめる

プロ入り二年目の一九九一年に、打率三割四分で首位打者を獲得するほどバッティングでも成果を残せるようになったぼくですが、そのときのホームランは一一本。ところが翌年、なんと三〇本もホームランを打つことができた。これまでとは違う、自分にとって特別な一年でした。

あの年、それほどのホームランを量産できたのは、決して偶然ではなく、じつはかなり意識した結果でした。

前年に首位打者を獲り、打順も上位になることは確実でした。そこで「ホームランも打てるよ」とアピールしなければならないと思ったのです。思ったところで、なかなか結果が出せるものではありませんが、あの年は幸運にもうまくいきました。

しかし、ホームランをねらうのはリスクもつきまといます。

ぼくの場合、身体もそんなに大きくないですから、球を遠くに飛ばすには渾身の力をこめてフルスイングしなければなりません。当たれば飛ぶ。当たらなければ三振、さもなければボテボテの不甲斐ない当たりです。

そんなわけで、その年の三振数は八七。生涯成績のなかで最多の数字でした。ホームランを打つとは、そういうギリギリの選択なのです。

その年は別にして、ふだんのぼくはホームランをねらうタイプではありませんでした。基本的には塁に出ることを考える。三割、四割台の出塁率をめざし、絶好の球が来ればホームランも、といった考え方でした。

ヒットの延長がホームランになるか、ホームランをねらってヒットになるか。よくその二種類のバッターがいるといいますが、ぼくの場合は完全にヒットねらいの選手だったのです。

チームでの役割がそうだったともいえます。当時は池山隆寛とか、広澤克実（広沢克己）さんがいて、ブンブンいくのは彼らまかせ。ちょうどジャック・ハウエルという新外国人も入ってきましたので、ホームランをねらう選手が三人いれば万全です。三番を打つことが多かったぼくは、とにかく彼らの前で塁に出ることが使命だったのです。

チームが勝つために、自分は何をすべきなのか。

ホームランをねらうのか、ヒットをねらうのかを決める前に、その点をしっかりと考えておかなければならない。

たとえば、埼玉西武ライオンズの〝おかわり君〟こと中村剛也選手などは、おそらく「三振してもいいから四〇発打ってこい」と言われているのではないでしょうか。二〇〇八年に四六本でホームラン王に輝きましたが、打率は二割四分四厘。三振もリーグ一でした。

でも、チームが求めるなら、それでいいんです。たとえ打率が低く三振がふえようとも、「それでもいいから、ねらえ！」と言われるタイプの選手だと自覚しているのでしょう。

一方、ホームランを打てる確率が低いのに、それでもねらうのは愚かな選択。ヒットを積み重ねて三割を確実にねらえるなら、そちらのほうを伸ばすべきです。打率を伸ばせば、その延長でホームランの一〇本や一五本はふやせるはずなのですから。

要するに、自分はどちらのタイプなのか、その見極めが肝心だということ。

ぼくの場合、ホームランを三〇本打って以降は、ヒットを打って、とにかく塁に出ることに目標をしぼるようになりました。

たしかにホームランは、一発出れば豪快で華やかです。でも、背負うべきリスクも大きい。そのことを覚悟しなければなりません。

反面、ヒットねらいは粘り強さが勝負です。その粘り強さで、チームに好影響をもたらすこともできる。「あいつ、しんどくても頑張ってるな」と感じられる姿が、チーム全体に活気を与えるからです。

個性や特質、周りに望まれているものは、人それぞれ違います。自分を客観的に見つめ、自分を活かせる役割を発見していくことが大切です。

相手の気持ちを読めなければ勝負にならない

ところで、もともとバッティングに不安があったぼくが、プロ入り二年目にして首位打者を獲得できたのには、さまざまな理由がありました。

野村監督にしごかれたということはあるでしょうね（笑）。一年目は、とにかく怒られてばかり。それでも、素直に教えに従うことで少しずつ苦手を克服していきました。

そうした地道な日々の練習に加えて、ある発想の転換ができたことが大きかった。それもやはり野村監督に教えられたことでした。

「相手の気持ちを考えて打つ」

この方法を確立するための第一歩として、まずは自分のポジションをどこに置くか、現状の自己分析が非常に大切です。

野村監督は、バッターを四種類に分けて考えていました。それは以下のとおりです。

〈Aタイプ〉ストレートを待ちながら、変化球に対応して打つ。

〈Bタイプ〉アウトコースを打つか、インコースを打つか、コースにヤマを張り、どちらかにしぼりこんで打つ。

〈Cタイプ〉インコースに来ようがアウトコースに来ようが右に打つというように、方向を決めて打つ。

〈Dタイプ〉真っ直ぐか、カーブか、スライダーか、球種にヤマを張って打つ。


そして野村監督いわく、「下手くそなバッターはDタイプになるべきだ」。

——Aタイプのように、真っ直ぐをずっと待ちながら変化球を打つなど、特殊な能力のある人間しかできない。またBタイプのように、インコースかアウトコースか、コースを見極めるのは難しい。ましてやCタイプのように、球がどこに来ようが自分が決めた方向に打つなど、さらに至難の業。

だったら、Dタイプを選べ、というのです。

コースにヤマを張るのは難しくても、真っ直ぐか、カーブか、スライダーかの球種にヤマを張ることなら、下手くそなバッターでもできると監督は言うんですね。過去のデータもあるのだから、頭を使ってそれをしっかり分析しておけば確率は高い。あとは自分の読みを信じて打つだけ……。

「それなら、おまえみたいなヘボでもできるだろう」

それが監督の理論でした。

「相手の気持ちを考えて打つ」とは、ピッチャーを観察して、相手の出方を読めということだったのですね。やはりここでも、やみくもに打つのではなく、「どうせ下手くそなんだから頭くらい使えよ」と、まあ、そういうことです。

もちろん、読みが外れることもあります。違う球が来たら打てないのだから、外れたら外れたで、そこは思いきって捨てる。

「捨てる勇気がなければ、ヘボはヘボなままよ」

なるほどね。監督の言葉に納得でした。

言われるままに自己分析してみれば、一年目の自分は、まさにヘボ。ですから球種にヤマを張るDタイプに自分のポジションを位置づけたのです。ヤマを張るときには、野村監督から教えてもらった配球が役立ちました。

何も考えず、どんな球でも手を出していたぼくにとって、「相手の気持ちを考えて打つ」とは、まさに発想の転換でした。こうしてぼくは、二年目に首位打者を獲ることができたのです。

過去のデータを駆使して相手の傾向をつかみ、その傾向に対するきっちりとした対策を練って立ち向かう。「相手の気持ちを考える」とは、つまりこういうこと。まさに野村監督のＩＤ野球の基本と言っていいでしょう。

とはいえ、過去の経験やデータの集積に基づいて頭で考える野球は、なにも野村監督の専売特許というわけじゃない。いまではどのチームも、バッテリーミーティングなどを行い、同様の分析や研究を進めているはずです。

自分がバッターボックスに立ったときも、相手キャッチャーの考えていることが読める場面は数多くありました。

「この場面では、たぶんこういう球を要求しているだろう」

裏の裏がかけるので、ねらって打つことができる。守りで受けた教育が、ちゃっかり打席でも活かせたわけです。

ふりかえってみれば、「相手の気持ちを考える」との発想がなかったころは、ひどいものでした。とにかく自分のことで精一杯。真っ直ぐを打ちたいと思ったら、ただひたすら「真っ直ぐを投げてくれないかなあ」と祈るだけ。これじゃあ、いつまで経っても〝棚からぼた餅〟の域から脱することができません。

「ノー」もまたコミュニケーション

チームのコンセプトには基本的に従うべきだと、これまで述べてきました。

指揮官がいて「この方向をめざそう」とゴーサインが出されたら、チームが一丸となって同じ方向に進んでこそ成果があがる。異論があれば、話し合うなどして歩み寄る努力をすべきでしょう。いちばんいけないのは、チームに在籍していながら、そっぽを向いて和を乱すことなのです。

では、バッテリーを組んだら、ピッチャーはキャッチャーのサインに完全に従わなければならないのか。

そんなことはありません。

ぼくもベテランになったころには、二十代の新人ピッチャーと組んだことがままあります。

そんな場合にいちばん怖いのは、お互いに遠慮が出ることです。

ふだんはともかく、試合中にはどちらが上でも下でもないチームメイトであるべきなのに、先輩・後輩の上下関係を本番でも引きずってしまう。下から上に文句が言えないのはよくあることですが、実際、上になってみると、十歳も歳が離れれば、同じように文句が言えなくなるものなのです。五歳程度の差なら、けっこうガンガン言えるのでしょうが。

どこかでお互いに遠慮してしまい、意思の疎通（そつう）が図れない。ちょっとしたコミュニケーション不足が原因で、なんでもない場面で打たれたり、打たれたあとも、お互いに腹を割って話せないので解決法が見つからない。こうなると組織としては最悪です。

そんなわけで、若いピッチャーによく言ったのは、「違うと思ったら首を振れ」ということでした。

たとえば、ぼくが「ストレートでいこう」とサインを出したとします。もし変化球を投げたいなら首を振ればいい。それに対してぼくが「いや、ここはダメだ」と思ったら、もう一度同じストレートのサインを出すだけのこと。

このやりとりこそがコミュニケーションなのです。

首を振ったからといって、相手を否定しているわけではない。サインは言葉を使わない会話なのですから、大げさに考える必要はないのです。

とくに若い選手のなかには、首を振るのは先輩に対して失礼だと思うのか、どんなサインを出してもうなずくヤツがいる。いつも「イエス」じゃ、ほんとうにいいと思っているのか、たんなるイエスマンなのかわからない。

自分の思いをきちんと表現できなければ、信頼関係は生まれません。

「違うと思ったら首を振れ」

そう言ったうえで、「アカンかったら、ちゃんとダメ出しするから大丈夫。思いきってやれ」とつけくわえる。それでお互いの気持ちが一つになれるんですね。

また、キャッチャーのサインにピッチャーが首を振るのには、もう一つの効果があります。首を振ったということは、「そうじゃない。オレはこういう球を投げたいんだ」という意思表明です。意思を表明した以上、そこには責任が生まれます。だからピッチャーは必死で投げるんです。

自分で「こっちだ」と言っておいて打たれたら、周りから何を言われるかわからない。だから、意地でも抑えなきゃという気持ちになる。その配球が正しいか正しくないかはともかく、気合いの入り方が違う。

それがいいんです。勝負に前向きになれるし、実際に抑えることができれば、大きな自信につながります。怖がってちゃダメなのです。

サインに対して首を振るのは、現実的にはそうあることじゃない。たとえば一日に一〇〇球から一三〇球投げて、そのうちのせいぜい一〇球程度です。半分も首を振るなんてことは、まずない。

だからここだと思ったら、遠慮しないこと。それが自分のため、ひいてはチームの勝利のためなのですから。

得意技を活かしたければ短所をなくせ

大事な場面になればなるほど、自分の得意な球を投げたがるピッチャーが多いのは確かです。たとえばヤクルトの五十嵐亮太くんも若いときはそうでした。一五〇キロを投げるいいピッチャーで、真っ直ぐが調子いいと本人が感じたら、その球を投げたがる。けれどピッチャーが忘れてはならないのは、得意な球は、じつは相手バッターも待っているということ。そのピッチャーの得意な球ほど、なんとか攻略してやろうと研究してくるのですから、当たり前です。

プロはみな負けん気が強いから、相手の得意技こそ絶対に打ち破りたい。真っ直ぐが得意球なら、「真っ直ぐ以外だったら、抑えられてもしょうがないか」くらいの気持ちで待っているバッターが多いのです。

しかもプロ野球では、同じ相手と何度も対戦しますからね。いくら得意だとはいえ、いつも同じカードを切っていては見え見えです。

そこにあえて得意な球を投げるのは、相手が張っている罠にみずから飛び込んでいくようなもの。罠を超えるものを出さなければ、絶対に打たれます。待ちかまえているところへ投げて、それでも打たれないのは、相当にレベルの高いピッチャーか、さもなければバッターがよほど下手くそな場合でしかありえません。プロどうしのレベルでは、あまり考えられないことです。

だったらどうするか。

得意より不得意、長所より短所を磨くのです。

たとえば一五〇キロを投げるピッチャーは、球のスピードが長所です。すると、たいていみんなこれを一五五キロ、一六〇キロに伸ばしたいと、そればかり練習するんですね。

でも、人間には限界があります。しかも、仮に一五五キロまで投げられるようになったとしても、コントロールが悪くなったら、まったく意味がない。

せっかく一五〇キロも投げられるのに、なぜ力むのかとぼくなどは疑問に感じます。一五〇キロ投げられるピッチャーなら、一四五キロに落としても、コーナーをねらったり、変化球を織り交ぜることで絶対に抑えられるのに……と思ってしまう。力めば力むほど、コントロールが甘くなりやすいから、バッターもねらいやすい。結果、打たれてしまう。

一五五キロを投げることに目標を置くこと自体はいいでしょう。でも基本的には、野球選手である以上、最終的な目標はチームを勝利に導くことでなければなりません。どうしたらチームが勝てるかに重きを置くべきなのです。一五五キロを投げることにこだわっても、チームが勝てるとはかぎらないのです。

それなら球速を伸ばすより、いろいろな球種を投げられるようになったほうがいい。たとえば変化球が苦手なら、それを鍛える。バッターにしてみれば、見え見えの一五五キロの真っ直ぐより、ねらいがしぼれない一五〇キロのほうが圧倒的に怖いですからね。

この場合、長所を伸ばすより短所を改善したほうが、長所自体もより活きるわけです。

たとえば、ピンチランナーとして盗塁三〇個は可能な脚の速い選手がいたとします。三〇個できる選手は、四〇個、五〇個とめざしたがる。走るのが得意ですから、そればかり練習するわけです。

けれど、速さには限界があります。その選手が磨くべきは、そこじゃない。

では、何を磨くべきか。

バッティングです。バッティングが苦手だから、それだけの脚力がありながら、彼はレギュラーになれないのです。だったらバッティングを磨いて、自力で出塁できるチャンスをつくればいい。そうして短所を改めれば、長所を活かせる場面も少なからずふえていくんですね。

たしかに短所を埋める作業はつらいものです。苦手なことを克服する過程はシンドイですから、だれもがやりたがらない。

頭を使うことにしてもそう。野村監督はよく「頭を使え、勉強しろ」とおっしゃったけれど、苦手な人にはつらいですよ。スポーツをやっている人間は、ぼくも含めてそういうタイプが多いんじゃないですか（笑）。勉強するより、身体を鍛えたり、動かしたりするほうがラクなのです。成果もはっきり見えますから、継続しやすいんですね。

でも、だからこそ、みんなが苦手とする勉強をあえてすれば、頭一つ抜けられる。そんな発想が必要なのです。長所を磨くほうがいいと言う人もいますが、長所はそもそも自分の好きなことですから、意識せずとも取り組んでいることが多いのです。苦手を克服しないと、やはり伸びしろはありません。

大事な場面で打たれないための駆け引き理論

キャッチャーの仕事をひと言でいえば、ピッチャーを助けて、チームを勝ちに導くこと。もっと単純にいえば、二七個のアウトをどうやって取るかを考えるのが仕事です。野球は攻守交替があるので、イニングで割ると三つずつ。この三つのアウトをどうやって取るか。そのときの状況、点差などを真剣に考えますから、つねに気が抜けません。

キャッチャーの感覚でいいますと、三振とダブルプレーなら、ダブルプレーのほうがいいと考えます。アウトが一度に二つ取れるわけですから。「絶対に三振を取らなければ」という思いは、ほとんどない。強いていえばノーアウト満塁、ここはまず三振でないと切り抜けられないといったシチュエーションのときくらいでしょうか。

三振には、見逃しと空振りの二つしかありません。

空振りの三振をねらおうと思ったら、基本的に、バッターが振っても当たらないところに投げなければならない。たとえばボールになる変化球とか、高めの真っ直ぐを振らせる必要があるんですね。

では、そんな球ならだれでも手を出してくれるかといえば、そんなことはない。ですから、そうなるように導くことがキャッチャーの役目なのです。

「このカウントで、この状況のときには、こういう球が来るよ」と、あらかじめバッターにデータをインプットしておく。つまり、それまでの配球で、そう思わせる下地をつくっておくのです。そして機をねらって逆を衝く。空振りの三振はこうして取るのです。ものすごくややこしいことをしている印象があるかもしれませんが、そうしないと勝てないんですね。

見逃しの三振も、相手の裏をかく点では原理は同じです。

「まずストライクは来ないだろう」と思っているところにドンといく。だから見逃してしまうわけですが、いかにその状況にもっていくかが肝心です。そしてこれもキャッチャーの仕事なのです。

空振りの三振にしても見逃しの三振にしても、ねらわないと取れないという意味では、キャッチャーの感覚としては、ほとんど同じ。

ただ、たとえばアウトコースの真っ直ぐで見逃しの三振を取ろうと思う場合、ねらっても打たれることはあります。ストライクを投げているわけですから。

打たれたら、多くの人は「なぜストライクからボールになる変化球を投げさせなかったんだ。変化球を投げさせていたら、当たらなかったのに」と言うんですよ。

でも、それがそうでもない。いつもそのパターンで攻めていたら、「どうせ追い込んだら、ボール球で来るんでしょう」とバッターに思われてしまって、ほんとうに大事なときにこの手が効かなくなるんです。

極端な言い方をすれば、キャッチャーにとって、ホームランそのものはあまり脅威ではありません。

それよりもいちばん怖いのは、大事な場面で打たれること。たとえば同点の八回裏、ランナーがいるときに打たれたら、相手チームに抑えのエースを出されてジ・エンド。

こういう場面で打たれるわけにはいきません。

ところが、大事な場面で打たせないための作戦が、たいへんに難しい。ストライクからボールになる変化球を投げておけば、抑えられる可能性は高いでしょう。しかし、いつもその手では相手に読まれてしまう。

ときにはホームランを打たれることも覚悟で、相手が待っているところへわざと投げさせることもあるんです。打たれてもいいから、真っ直ぐのストライクを見せておく。

野球を知らない人が見たら、「あのキャッチャー、おかしいんじゃないの」となるかもしれません。

でも、回が浅いうちのソロホームランなら打たれてもかまわない。ただし大事な場面でだけは絶対に打たせてはならない。これがキャッチャーの思考法なのです。

まさに押したり引いたり、駆け引きの連続です。これを毎試合やっているのですから、けっこうシンドイ仕事なんです。でも、これをやらないとキャッチャーとして生き残れないですからね。それがプロの世界です。

超攻撃的な打線が生まれた背景

プレイングマネージャーに就任した二〇〇六年。ぼくが組んだ打順が「意外だ」と評されたことに、正直、ぼくのほうが意外でした。

みなさんは、ぼくがもっと〝手堅い野球〟をするだろうと予想していたようなのです。ところが、それに反して〝超攻撃的な野球〟という印象だったとか。ぼくにしてみれば、理に適ったことを単純に実行したにすぎないのですけどね。

あのときは、こんな打順でした。

1青木宣親
2アダム・リグス
3岩村明憲
4アレックス・ラミレス

5グレッグ・ラロッカ

この打線のポイントは、ホームランを打てるリグスを二番に置いたことでした。キャッチャーの立場からすれば、何がいちばんイヤか。

二番バッターにヒットを打たれることです。

仮に一番バッターが塁に出たとします。二番バッターがバントで送ってくれたら、タダでワンアウトが取れる。三番、四番のどちらかがヒットを打っても、一点で終わるケースのほうが多い。

しかし二番バッターがヒットでつないだら、ランナーが二人。そのまま三、四、五番のクリーンナップにまわりますから、大量得点になる可能性が格段に高まります。

二番打者をリグスにしたのは、これをねらってのことでした。

リグスという選手はそれなりに脚も速かったのです。脚が速くて打てる選手を二番に置けば、ダブルプレーも少ない。打線はつながります。

その前年、ヤクルトはリーグでいちばん得点の低い球団でした。神宮球場は他球場にくらべて狭いというのに、得点力はリーグ最下位。どう考えても、得点力を上げないと勝ち目がない。

たとえ得点力が低くても、一点を守る野球のほうが真に強いと言われますが、当時はキャッチャーも育っていなかったですし、ピッチャーも若い選手ばかりでまだ信用できるレベルには達していませんでした。バッテリーは発展途上だったんですね。

ならば打ち勝つしかない。

見ているほうも、そのほうがおもしろいと思いますよ。一番が塁に出たとたんに二番がバントでは、盛り上がりませんからね。

一番から五番まで打てる選手がずらっと並んでいますから、相手チームはめちゃくちゃイヤだったと思います。ぼくがキャッチャーでもイヤですから。

打線の合間に打てない選手がいてくれるほうが、正直なところありがたいんですよ。お話ししたように、キャッチャーの仕事は、単純にいえばアウトを三つ取る作業。相手チームのラインナップを眺めて、「ここところ、それとここを抑えれば、この回は大丈夫だな」と目安を立てようとします。

でも、打てる選手ばかりが並んでいたら、勝負しないわけにはいかないですからね。アウトが計算できないなかで投げていると、ピッチャーは、ほんとうにストレスがたまります。

だからぼくは、バッティングがいい選手はずらっと並べたほうがいいと思っています。あの年は、偶然にもそういう選手がそろっていましたので、それが可能だったのです。

〝攻撃的〟と評された作戦は、要するに、ぼくのキャッチャーとしての体験から、「これをされたらイヤだな」ということを積極的にやったまでのこと。理に適っているというのは、こういう理由です。

この作戦がほんとうに正しかったのかどうかは別にして、おかげさまで、得点力は前年の六位から一位へと飛躍的に伸びました。

もう少しピッチャーを整備できていれば、優勝争いにもからめたのに、と、それだけはいまでも残念に思います。

ないものねだりをしなければアイデアは生まれる

投手力の優れたチームならば、一点を取りにいく野球を積み重ねて三、四点までいけば、大量点を呼び込めなくても、それで十分に勝機が生まれます。しかし二〇〇六年のぼくたちは、そのときのチーム状況から判断して、初回から大量点を取りにいく方針を貫きました。

必ず出てくるのが「なぜバントで送らないのか?」という批判です。得点力が上がってリーグ一位にもかかわらず、そんなことを言われてしまう。

新聞記者たちからも、「古田さんが監督をやるなら、もっと緻密(ちみつ)な野球をすると思ったんですけどねえ。まさか、あんなに〝打て、打て〟とは想像もしていませんでしたよ」などと皮肉られるありさまでした。

ぼくはぼくなりに緻密だったつもりです。むしろ「あなたの緻密って何?」と逆に質問したくなりましたね。

「投手力で勝つ」

「一点を取って守りきる」

そのような野球のほうが、日本人には美徳に見えるのかもしれません。最近は「スモール・ベースボール」という言葉も定着しましたからね。

そうかといってバントを多用する、いわゆる〝緻密〟な野球をやりはじめると、それはそれで「つまらない」と言われてしまうのですから、難しいものですね（笑）。

それにしても、バントをすれば得点力が上がるという発想は、どこからくるのでしょうか。ぼくにはそれが不思議でしょうがない。

先ほどもお話ししましたように、アウトを一つ献上してバントでランナーを送るよりも、ヒットでつながったときのほうが大量得点のチャンスは高まるのです。ノーアウト一、二塁、うまくすれば二、三塁になるのですから。ワンアウト二塁では、二点以上は入りにくい。正確なデータを出してみたらいいのですが、実感としても、おそらく三回に一回くらいしか点にならないんじゃないかな。

初回から手堅くバントで送って一点をねらう。これがはたして、そんなにいい作戦なのか……。疑問ですね。すごいクローザーがいて、この一点をとにかく取りにいくために、八回裏、あるいは同点の場面でバントを選んだのなら、まだ話はわかるのですが。もちろん、これまで「よい」とされてきたことには、それだけの裏づけもあると思います。しかし、それも状況しだいです。

ぼくがもっとも大切にしているのは、あくまでも現有戦力で何ができるかということ。「ない袖は振れない」ではないですが、ないものねだりをしてもしょうがないのです。現有戦力を客観的に把握し、分析して、その与えられた環境のなかで勝つためのもっとも有効な方法を考える。

このやり方が正しいとぼくは思っています。

第4章

やわらかな組織力

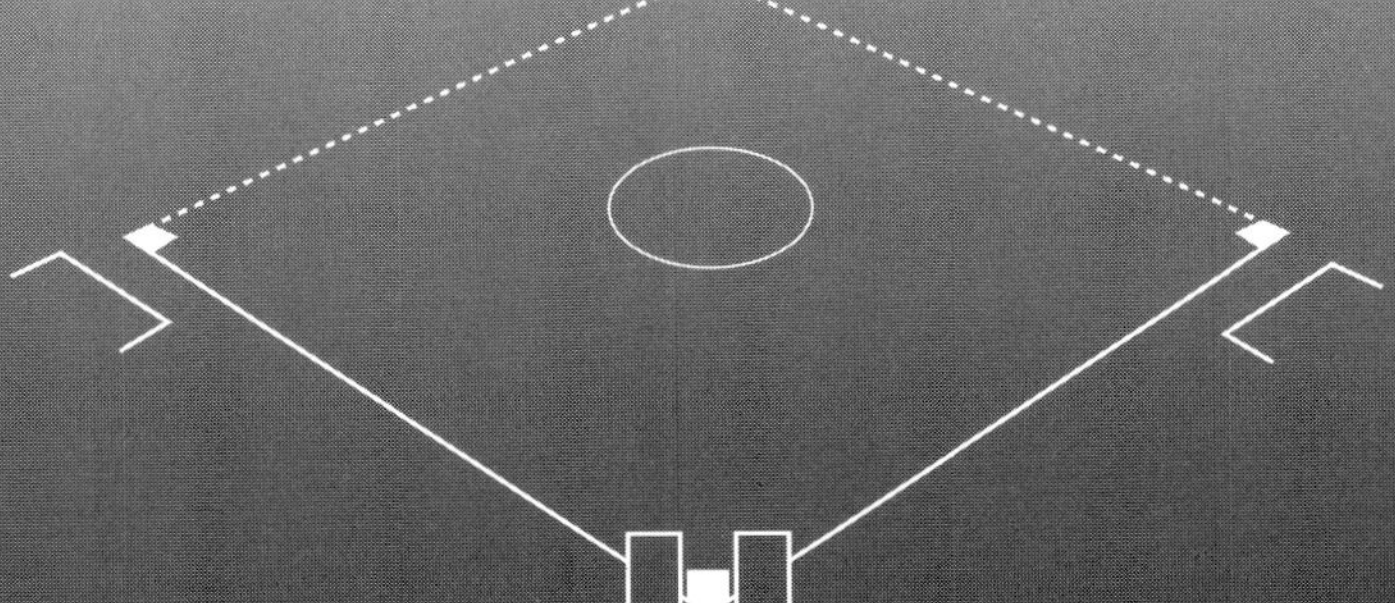

すべてはトップダウン――野村監督から学んだマネジメント

一九九〇年にヤクルトスワローズに入団して以来、ぼくは二人の名監督のリーダーシップを体感しています。

一九九八年までの九年間は、野村克也監督。続いて二〇〇五年までの七年間は若松勉監督です。その後の二〇〇六年、二〇〇七年の二年間は、ぼく自身が選手兼任監督であるプレイングマネージャーを務めさせていただきました。

野村監督は、一般的に管理型野球と評されているとおり、完全にトップダウン型のマネジメントです。つまり、すべてを監督自身が把握し、指示も決定権も監督にある。決して悪い意味ではなく、いわゆる〝ワンマン型〟です。

それが可能なのも、二十七年間の長きにわたる選手生活のなかで、キャッチャーとしてもバッターとしても、類稀な結果を残した実績があるからだと思います。野村監督の理論にはすべて、経験という裏づけがある。だから自信をもって指導できるんでしょうね。

とにかく、野村監督の野球の知識、技術に関する見識は、みなさんの想像どおり、とてつもなく高い。

「野球とはこうだ」と具体的に掘り下げて詳細に説明し、「こうやれば野球はうまくなる」「こんな考え方をもつべきだ」と、あらゆる角度から勝つための方法論を打ち出してくるのです。プロとしての心構えも徹底的に叩き込まれました。

アマチュアで活躍して、生意気にも野球がわかった気になっていても、野村監督の話を聞くうちに、じつは自分が何もわかっていなかったことを痛感させられるのです。

「なるほど、野球とはそうやるものか」「チームとはそういうものなのか」「バッティングとは……」と、あらためて考えさせられる。

毎日のように行われるミーティングでは、まさに〝目からウロコ〟の連続でした。

「この監督の教えを守れば、自分は絶対に成長できる」

「この監督の言うことを聞いてついていけば、絶対に強くなる」

ぼくたち選手のなかには、いつしかそんな確信が生まれていました。それは選手全員をポジティブな気持ちにさせ、知らず知らずのうちに「よし、チームが一つになって頑張ろう！」という団結力を生み出してくれた。野村監督には、部下をそうやって動かす力があるのです。

トップダウン型のマネジメントは、トップがそれくらいのカリスマ的な影響力をもっていなければ、うまくいきません。

ただしそのぶん、下にいる人間は覚悟が必要です。「こうしたほうがいいのでは」といった意見は、まず聞き入れられませんからね（笑）。勝敗の責任を負うのは監督。だから決定権はすべて監督にある——これが基本です。たとえコーチであろうとも、監督の許可なく勝手に動くことは許されません。

「おまえ、だれの許可があってそんなことやってるんだ！」

ときにはそんな怒鳴り声が聞こえてきたこともありました。

影響力があまり強すぎると、下の人間が萎縮してしまうこともあります。監督に怒られないかとつねにビクビクして、監督の顔色ばかりをうかがって自由に動けない。笑い話のようですが、「相手チームに勝つ前に、まず監督に勝て」と言いたくなるような選手もたまにいました。

たとえば、一軍と二軍を行ったり来たりしているようなピッチャーがいますよね。抑えたら一軍に残れるけれど、打たれたら二軍に落とされるか、最悪クビもありうる状況。そんな選手は、チャンスを絶対にものにしなければなりません。

ただでさえプレッシャーがかかっているうえに、「監督が怖い」ですから、さあたいへん。気の弱いピッチャーだったりすると、なおさらオドオドしてしまう。大事な場面でマウンド上で「どこ見てんねん」と思ったら、なんとベンチにいる監督ばかり見ているんですね。

ストライクが入らずにフォアボールの連続。すかさずマウンドに走って「とにかくど真ん中でいいから思いきっていけ！」などとアドバイスする。口では「はい」と言うんですが、視線はベンチを追っている。

「監督が怒ってるんじゃないか」

「何かボヤいているんじゃないか」

そんなことばかり気にしているわけです。その時点で、そのピッチャーはもう負けている。対戦相手をまちがっているのですから。

監督が気になるというのは、自分の評価が気になるということなのです。評価を上げたいのなら、眼前の敵をやっつけるのが先決のはずですが、本人はそんな当たり前のことが頭からすっ飛んでいるのです。

一方コーチはというと、選手にアドバイスするにも遠慮してしまうことがあります。監督の考えと違うことを言おうものなら、みんなの見ている前で「おまえに決定権はない！」などと言われたりしますから。

トップダウン型のよさはたくさんあります。でも、こんなふうに部下を萎縮させてしまうようだと逆効果。トップダウン型マネジメントの課題があるとすれば、そのあたりではないかと思います。

もちろん野村監督の場合、みなさんもご存じのように少々口は悪いのですが、決して悪意でボヤいているわけじゃない。いったん監督流の考えがわかってしまえば、やりやすいことも多かった。

たとえば野村監督は、あまり人を褒めません。

いつも口にしていたのは「無視・賞賛・非難」という言葉。選手を一流、二流、三流と分け、三流だと思ったら無視、二流だと思ったら褒め、一流に対しては非難する。この方程式を公言して憚（はばか）らないのです。

「喜べ。オレに非難されたということは、一流だと思われている証拠だ」

みんなの前でこんなふうに言われるから、たとえガンガン怒られたとしても、「仕方がないか」と思える。いつの間にか奮起させられてしまうのです。

これこそ野村監督流の人心掌握術なんですね。

ですから、ぼくなどは「非難されてなんぼ」の感覚でした。トップダウン型のリーダーには、それくらい開きなおってついていくのでちょうどいい。顔色ばかり見てビクビクするより、トップを信じて、あとは自由に思いきりよく行動すればいいと思うのです。

すべては信頼してまかせる――若松監督から学んだマネジメント

一方の若松監督は、野村監督とは真逆。

野村監督は、とにかくミーティング重視でしたが、若松監督は、就任初日から「オレはミーティングはしないから」とおっしゃった。次にヘッドコーチが出てきて、大まかに練習目標などを説明し、はい、終わり。最初は戸惑いました。

若松監督は、各セクションに責任者を置いて、その場をそれぞれにまかせるマネジメント法なんですね。たとえば一軍にいる一〇人から一三人のピッチャーをまとめているピッチングコーチは、ピッチャーに関しては、トレーニング方法にしてもゲーム戦術にしても、すべてを託されます。

ピッチングコーチが「次はこのピッチャーでいきたい」と提案すれば、若松監督はたいていその意見を採用する。監督に意思がないというよりは、監督自身がそのコーチを任命した時点で、そのコーチを全面的に信頼しているのです。

信頼されていると思えば、人間、モチベーションが上がるものです。コーチももっている最大限の力を発揮しますし、そのコーチから「明日、投げさせてもらえるようにオレが監督に言っておくから、頑張っていけよ」などと言われれば、選手もヤル気になる。

ピッチャーに関しては、ピッチングコーチだけでなく、キャッチャーであるぼくの意見も採り入れてくれました。

イニングがチェンジしてベンチに戻ってきたぼくに、「ピッチャーの調子はどうだ?」と尋ねてくることもよくありました。そこで「完全にへばってますね」とぼくが答えたら、「じゃあ替えよう」と決断する。ピッチャーをいちばん近くで見ている者の見方、考え方を信頼してくれているから、こういうことができたのでしょう。

バッティングに関しても同じ。基本的にはバッティングコーチにまかせるのが若松流でした。

自主性を重んじるというのがわかりやすいでしょうか。ぼくたちベテランは、練習メニューさえ決まっていませんでした。

たとえばキャンプ中は、朝十時から全体練習が始まり、十二時か十三時にいったん終了。そのあと個人練習を十五時から十六時ごろまでやって、それから自主練習というスケジュールです。全体練習、個人練習まではメニューが決まっているものですが、ベテラン選手は、全体練習を除いて何も指示されていませんでした。

何も決められていないというのは、逆にいえば、すべて自分に責任がかかってくることを意味します。

「あとは自分で調整すればいい」と監督に言われたからといって、さっさと帰ってお風呂に入るというわけにはもちろんいきません。自分で練習メニューを考えて、自分で仕上げていかなければならないのです。

責任をもたされると、人は一生懸命にやるものです。とくにベテランともなるとチームの顔です。後輩に恥ずかしいところなど見せられませんから、「しっかりやらなきゃ」という気持ちになる。かえって手が抜けないいんですね。

管理されることに慣れている選手だと、こういうやり方に不満や戸惑いを覚えるかもしれません。でもプロと言っている以上、そこは大人の集団。いい歳をした大人が、裁量を与えられているのに、自分の責任では何もできないのはおかしな話です。

「おまえにまかせた」というマネジメント法は、決して放任主義ではありません。若松監督から学んだのは、信用してまかせること、そのために一人ひとりに責任を自覚させること。そのなかで自分の最大限の力を発揮させる手法だったのです。

野球選手は、結果を出さなければ最終的にはクビになるだけ。それはだれのせいでもない、まさに自己責任です。そんな当たり前のことも、あらためて考えさせられました。

若松流・気配り術

野村監督と若松監督とでは、マネジメント法がまったく異なります。どちらがいいともいえないし、それぞれに長所と短所がある。

若松監督の「まかせるマネジメント」の場合、あまりまかせすぎると、各セクションが独立して力をもち、お互いが対立してしまう危険性があるのが短所です。ちょっとしたもめごとが起きたりすることもあるんですね。

たとえばバッティングコーチが、「ピッチングコーチがあんなこと言ってたら、ろくなピッチャーが育たない。こちらがいくら打っても勝てないよ」などと陰口をたたく。コーチが力をもつと、この手のグチがやはり出てきてしまいます。気をつけないと、こんな些細なひと言で、チームがギクシャクすることにもなりかねません。

野球はチームプレーである以上、結束力が崩壊すれば絶対に勝てません。ですからこういうボタンの掛け違いは、ほんとうに注意しなければならないのです。

こういうことは会社の職場でもあるのではないでしょうか。あちらの部署とこちらの部署とで足を引っ張り合う。組織とは本来、一つの目的に向かって進んでいるはずなのに、その目的を忘れ、些末な主導権争いを繰り広げてしまう。トップダウン型でない以上、いわゆる中間管理職がしっかりしなければダメですね。

そのうえで、トップに立つ人間が、中間管理職にしっかりと自分の意思を伝えて、全体を把握しているかどうか。

その点、若松監督が優れていたのは、たいへんコミュニケーション能力が高いことでした。自分が前に出てバンバン指示を出すタイプではありませんが、各セクションのコーチたちにはつねに気を配って、綿密な連携をとっていた。こういうマネジメント法でチーム全体にあまり不協和音が出なかったのは、やはり若松監督の伝える力が高かったからだと思います。

その点も野村監督とは違うところですね。野村監督は一方的に指示を出しますから、コミュニケーションが一方通行。監督と選手がフランクにしゃべるなんて、ほとんどない。なにしろ監督が右と言えば右。そんな具合でしたから。

コミュニケーションという点に限っては、若松監督のほうがうまかったと思います。

若松監督流のマネジメントは、そんな監督自身の個性を活かしたものでした。

「これだけぼくたちを信じてまかせてくれているんだから、監督を日本一にしてあげたい」

そう思う選手も少なくなかったのではないでしょうか。

人が自然と育つマネジメント法

野村監督は、そのカリスマ的な指導力で選手に徹底的に理論を叩き込むことで、チームをまとめあげました。対する若松監督は、人間的な魅力と独特の求心力でチームを一つにしました。

二人のまったくタイプの異なる監督の下でプレーした経験をもつぼくは、両者の長所も短所もよく知っているつもりです。知っているからこそ、「いいマネジメント法とは何か？」と聞かれたとき、野村流がいいとも、若松流がいいとも一概には言えません。

そこで、両者のいいとこ取りをして、新しいマネジメント法を考えてみました。

野球の監督なら、まずは「どんなチームにしたいか」を明確に示す必要があるでしょう。

とくに若い選手はまるごと「きみにまかせる」と言われても、どうしたらいいかわからない。だから最初に「こんな選手になりなさい」と、ある程度の方向性を示してあげるのです。

こういうチームをつくりたい。だから、きみはこういう目標をもって、こういう練習を心がけなさい。ビジョンと行動目標をはっきりさせて、チーム全体でそれを共有できるようにする。そういう意味では、ある程度のミーティングも必要でしょう。

ただし、その先は選手一人ひとりの自主性にまかせる。もちろんアドバイスは惜しみません。でも、がんじがらめに管理はしない。

プレイングマネージャーの時期に、ぼくはよくこんなことを言いました。

「オレたちが、おまえたちを育てるんじゃない。おまえたちが育つ環境をオレたちがつくるんだ」

ふだんの練習から肉体トレーニング、あるいはメンタルケアなど、リーダーは選手が自信をもって戦えるための環境を用意する。そこで育つかどうかは選手しだい。そこは自己責任です。

実際のところ、「これをやれば必ず選手は育つ」という法則があるならやりますが、そんな法則はどこにもない。何をやっても育たない選手は残念ながらいます。つくづく野球選手というのは、「育てる」ものではなく「育つ」ものだと思います。

ぼくは、野村監督や若松監督をはじめ、さまざまな人の教えや影響を受けながら選手生活を続けてきました。でも、同じ教えや影響が、あらゆる選手に通用するかといえば、そうじゃない。

つまりぼくは、幸運にも与えられた環境になんとかうまく対応して「育った」だけのこと。同じ環境を与えられても、最後は自力で頑張るしかないんですね。

その代わりリーダーは、たとえ自分の下から優秀な人材が生まれたとしても、「おまえを育てたのはオレだから」などと、自分の手柄だと勘違いしないことです。「育てた」んじゃない、「育った」のだから。

要するに、ぼくの考えるマネジメントとは、人が育つための環境づくりなのです。

野球なら、この選手はどうしたら育つのかと考える。

たとえば「積極性が足りないから、もっとメンタル面でのアドバイスをふやしたほうがいいんじゃないか」などと考えて、スタッフみんなでその環境をつくってあげる。

練習そのものに関する指導をしないわけではありません。でも、ただひたすら練習をやらせておけば育つんだとの考えは、もはや古いのではないかと思う。

もちろんプロに入ったばかりで、まだまだ一軍では無理だという選手は、とにかく練習させて身体もデカくしなければならない。数をこなすべき時期はあるものです。その見極めも含めた環境づくりが、もっとも大切なのではないでしょうか。

情報過多の若者たちが育つには

プレイングマネージャーを務めるにあたり、若い選手たちとは、まずは個別に話をすることから始めることにしていました。

どのくらい情報を集めたり、勉強してきているのか、また何をめざしているのかは、一人ひとりみな違うからです。話をじっくりと聞いたら、それに対するこちらの意見や感想も率直に伝える。選手の将来をいっしょに考えていきたかったのです。個別に話をすれば彼らも腹を割りやすいはず。こちらの言葉も心に響くようでした。

第1章で、いまの若い人たちは情報過多だとお話ししました。しかし、こうして個別にコミュニケーションをとってみると、そういうタイプばかりではないことに気づきます。ただがむしゃらにやってきて、まったく無垢（むく）の素質だけという選手もたまにいる。同じ十八歳でもかなり差があるんですね。

情報過多の選手には、三年ぶん前倒ししたくらいの高い技術をもっている場合があります。でも、やはり頭でっかちで、何事もきれいにやりたがるというのかな。「ぼくはそのボールには自信がないからできません」なんてことを悪びれる様子もなく言う。技術レベルは高いのに、頭で考えすぎているから、思いきったことができないのです。

一方、素質だけの選手は、基礎的なことすらまったくわかっていません。わかっていないぶん、無鉄砲なことも平気でするんですね。「ああ、こりゃ一から教えなアカンなあ」と思うのですが、その代わり将来、大化けしそうな伸びしろを感じたりもします。

どちらのタイプにしても、要は経験が必要。したがって「臆病になるな、どんどん行け」と背中を押してやるのが監督の役割となります。

ところが、とくに情報量の多い選手たちは、前に一歩を踏み出すのが怖い。「こうなりたい」と夢はしっかり抱いているのですが、「じゃあ、こういうことをやったらどうだ」と経験に基づいてアドバイスすると、「いえ、それはちょっと……」などと尻込みする。

たとえば、先輩選手の名前をあげて、「○○さんというピッチャーは、こんな球で抑えたらしいから、ぼくもそういう球で勝負したいです」なんてことを言うんですよ。実際にやってもみないで、情報頼み。それで決めつけてしまうんですね。

また、何かというと「それは確率が低い」などと、過去のデータを引き合いに出す選手もいます。たしかにデータは重要ですよ。けれども、ぼくたちはそのデータを、ただそのまま信じるわけじゃないんです。確率が低いからやらないのではなく、確率が低いからこそあえてやって、相手の裏をかくこともある。

その見極めは、やはり経験の差なんですね。

ですから何度も言うようですが、とにかく経験させることが大事。頭で考えるだけでなく、とにかくチャレンジさせることです。

プロの世界は厳しいものです。逃げ腰になっているとちょっとでも感じさせたら、必ずそこを衝かれます。とくに相手が強大であればあるほど、逃げたら勝ち目はない。

相撲にたとえると、相手がすごく強い大横綱だったとします。「ああ、これはがっぷり四つに組んだら勝てないな」。たいていそう思いますよね。そして少しでも勝てる可能性がありそうな方法を考える。「まともに真正面から行ったら勝ち目はないから、横から食らいついてみよう」などと。

たしかに、それでうまくいく場合もあるでしょう。しかしたいていは、相手に弱気を察知されて負けてしまうのです。

そもそも、弱い相手がどう出てくるかなど、横綱はその経験から百も承知なのです。意表を衝いて脇から攻めたつもりでも、「やっぱりそうきたか」と簡単にかわされてしまう。つまり勝ち目がないと思った時点で、その人はすでに負けているのです。

強い相手に勝とうとするなら、その逆をいかなければいけない。弱い相手から一発バシッと胸を突かれたら、思いがけない動きに「おっ」と一瞬スキができる。それでももちなおすのが横綱の横綱たるゆえんですが、ときにはさすがの横綱でも、あわてて思わぬ動きをしてしまうことがある。そこから一気に勝ちにもっていける可能性が広がるのです。

まともにいくのが怖いなら、そのいちばん怖いと思うことをやってしまって、怖さを解消する手もあるということです。

そのような人間ならではの駆け引きができないと、勝負には勝てません。とくに相手が強いほど。これはスポーツの世界に限った話ではありません。

そして駆け引きができるようになるには、やはり経験しかない。情報過多の若者たちには、ぜひその点を感じてほしいものです。

「逃げグセ」がついてしまう負の成功体験

相撲もそうですが、プロ野球選手だって、たとえ新人でも横綱クラスと戦わなければなりません。いくら情報を頭に詰め込んでも、「確率からいうと、この方法が正しい」といった姿勢では、実際に試合に出ればすぐにそんなものは通用しないとわかります。

だからこそ、ぼくは言うのです。

「たしかに打たれる確率は高いけど、一発、ど真ん中に真っ直ぐを投げてみろ！」

「え〜!?　だって、絶対に打たれますよ」

新人は、たいていここでビビります。まさしく経験不足がなせる反応です。

「まともにいったら打たれる」と尻込みするから、自然とストライクゾーンから外れてしまう。するとカウントが悪くなって、どんどん追い込まれる。そして最後には結局、打たれる……。こうした悪循環は、格の違いから生まれるんですね。

ところが、横綱クラスの主力バッターといえども、ど真ん中の真っ直ぐを見逃すことだってある。新人が、まさかそんな球で勝負してくるとは想定していないからです。

「この野郎。オレに向かってど真ん中を投げてきやがって」

相手がカッとなったら、こっちのもの。「今度は逃さないぞ」と振りにきたら、次は変化球を投げて空振りを取る……と、まあ、この手の駆け引きをしなければ、強い相手はなかなか抑えられるものではありません。

「なんや、こいつ。わけわからんな」

そのように強い相手を面食らわせるくらいの、ここ一番の度胸も必要です。それには小手先の情報は捨てること。「打たれてもいいから、やってみろ」と言われたら、問答無用で黙ってやってみるのも勝利への近道だったりするのです。

しかし若い選手は、打たれたら二軍落ちになる可能性もあります。だから勝負に出るのに、つい二の足を踏んでしまうこともあるんですね。言われたとおりにやったのに、やっぱり打たれて「どうしてくれるんですか！」と根にもつこともあるかもしれない。

ですから上の立場の人間は、そうした不安を取り除いてあげるのも仕事になります。ぼくがベテランだったら、もし打たれたときは「こちらがサインを出しました。すみません」と自分が監督に頭を下げる。そうすればキャッチャーの責任になりますから。責任の所在をはっきりさせないまま、ただ「行け！」とけしかけるのは、新人には少々酷な話。せっかくヤル気になったのに、一度の失敗でへこませてしまったら、なかなか人は育ちません。要はいかにチャレンジする方向で成功体験を積み重ねさせられるかです。

「責任はオレがかぶる。だから行け！」

頭のいい現代の若者たちを鼓舞するには、それくらいの態度を示してあげなければならないでしょうね。そこではじめて「黙ってやってみろ」の言葉も効くのです。

気をつけなければならないのは、気持ちは逃げ腰だったのに、たまたま運よく成功することができた場合です。逃げる方向での成功体験の味を覚えてしまうと、思考が狭くなって、次からは逃げることしか考えられなくなってしまうのです。

本来ならストライクゾーンを広く使って、ボールを散らすべきなのに、「このコースはダメ」「あそこは打たれる」と、以前、偶然にも打たれなかったところへしか投げられなくなる。「このピッチャーは、どうせここしか来ないだろう」と、いずれは相手に読まれてしまい、結局、勝てなくなることは必定です。

そういった「逃げグセ」がついてしまう前に、「正々堂々と勝負してみろ」と促すしかないのです。それで失敗してもいい。失敗したら失敗したで、その人は必ずそれを糧に成長していきますから。

優しすぎが決断力のない子どもをつくる

最近、学校をはじめとした教育関係を中心に、さまざまなシンポジウムや講演に招かれる機会をいただくようになりました。

そのたびに感心させられるのは、学校の先生や親御さんの熱心さです。「いまの子どもたちの教育は、どうあるべきなんだろう」と、みなさんがほんとうに真剣に考えていらっしゃって、頭の下がる思いです。

反面、ぼくが幼いころにくらべると、子どもを取り巻く環境が全体的に過保護になっているのではないかと危惧（きぐ）することも多くなりました。親や先生が熱心なあまり、子どもはなんでも親まかせ、先生まかせ。周りがなんでもやってくれる居心地のよさに甘えて、自分からは何もしない。叱られた経験も少ないせいか、平気で生意気な口をきく子どももいます。

頭でっかちでチャレンジできない若者たちがふえているのは、そんな環境にも一因があるのかもしれません。親まかせで大人にまでなると、大事なときに自分で決断できないわけです。

そういう選手たちを見ていると、理屈で諭すよりも、「監督はオレだ。オレがやれと言ってるんだから、やればいいんだ！」と、強引にこちらの考えを強制したほうがいいのではないかと思えることもあります。言うならば、昔の頑固オヤジのノリです。

子どもの顔色ばかりうかがう〝優しい大人〟に慣れっこになっている若者には、それくらいのショックを与えてやったほうがいい。ぼくが若いころは、もっと口の悪い先輩がいっぱいいましたからね。「ない頭で考えてんじゃねえよ」などと、言われることもありました。

決していじめではないんですよ。これは「余計なことは考えずに前向きに行け」という意味。表現は乱暴だけれど、悔しいからこちらも「何くそ！」と立ち向かっていく。こういう経験を積んでいると、気づいたらけっこう勝負強くなっていたりするものなのです。

昔はよかったと懐古趣味に浸るつもりはありませんが、それくらいガツンとやらないと、甘え体質は、なかなか直るものではないと思います。

それに対して、最初は抵抗してくるくらいのほうがいい。抵抗されても、そのうち「監督がそう言うんだから、もう知らんがな。やればいいんでしょ、やれば」と、あきらめの境地になる。荒っぽいやり方のようですが、おもしろいもので、そのころにはひと皮むけているのです。

いまの若い世代は、いわゆる優等生タイプが多く、周りの評価や成功ばかりを気にしているように思います。だから思いきった決断ができないんですね。

もちろん、結果として勝たなければなりません。けれども、それはあとで考えるべきこと。いま大切なのは、目の前の敵をどう打ち砕くかなのだから。

やはり周りに守られて優等生の道を歩んでくると、いつしか結果が怖くなるんですね。二軍に落とされたらどうしよう、クビになったらどうしよう、給料を下げられたらどうしよう……。

プロ野球選手の場合、年俸というかたちで結果が直接、反映されますから、どうしても考え込んでしまう選手もたまにいます。

同じプロでも、ゴルファーが一つ打つたびに、「このパットが入ったらいくらだろう？」などと計算しながら勝負するでしょうか。彼らだって、言ってみれば賞金稼ぎをしているわけですから、結果を出せなければ極端な話、一年間ゼロ。そんなシビアな状況のなかでも、お金を気にしてプレーしてはいないはずです。

というよりも、結果を気にしはじめたら勝てないのです。ただどうやって一打でも少なくカップインするか。一つひとつのショットやパットに集中しようと、その瞬間の自分との勝負にかけている。結果はあとで考えればいいのです。

よい結果が欲しいと思うなら、結果を気にせずいまできることに集中する。その積み重ねが結局はよい結果につながるのだと思います。

八〇パーセントの継続力

プロ野球では現在、年間一四〇以上もの試合が行われています。すべての試合に休まずに出つづけることができる選手、いわば〝一年間もつ選手〟は、いろいろな意味でバランスのとれた選手だと思いますね。

一四〇試合のすべてに一〇〇パーセントの力を注いでいたら、一年間はとてももちません。言い方は悪いですが、精神的にも体力的にもどこかでセーブしながら、それでも毎試合に出られる選手が優秀な選手といえるのです。

しかも、あまりバラツキがないのが理想です。

たとえば、ある日一〇〇パーセントの力を発揮して、それが三日間続いたけれども、次の日になったら、どこかが痛くて三〇パーセントの状態に下がってしまった。これではプロ失格。八〇パーセントでいいから、それを毎日続けられるのが最良なのです。

簡単に思われるかもしれませんが、これはすごい能力です。これができるだけでも評価に値すると思います。

なぜ試合に出つづけることが評価されるのか。

それがプロだからです。プロとしてファンにゲームを観ていただく以上、「せっかく楽しみにしていたのに、あの選手がいない」では話にならない。ファンに対しての裏切りだと言ってもいい。

また、チームプレーの観点からも、出たり出なかったりでは選手どうしの信頼関係が築けません。

八〇パーセントの力を一年間キープしつづけるためには、体力的にも精神的にも、毎日のオンとオフの切り替えをしっかりやることが大切です。

勝負は勝つこともあれば、負けることもあります。負けたら反省して次に活かすのは当たり前ですが、いつまでもくよくよと悔やんでいるのは問題です。気持ちを切り替えられないまま次の試合に臨めば、チーム全体の雰囲気を暗くしてしまいますし、そうなるとチームの士気まで下げてしまいます。

負けた気持ちを引きずっていると、思わぬミスをしてしまうこともあります。思いきった勝負に躊躇してしまうこともある。

選手のなかには、その日できなかったことを悔やんで、ろくに休みもとらず、ただひたすら練習に打ち込む人もいます。身体はヘトヘトになり、悲壮感が漂う表情で次の試合に現れる。しかし、これでは勝てる試合にも勝てませんよ。

たとえミスをしても、プロ野球の場合、幸運にも次の試合にまたチャンスは訪れる。たいていの仕事は、みんなそうなのではないでしょうか。それくらいの心の余裕をもってください。命まで取られるわけじゃないのだから。

一試合が終わってある程度の反省をしたら、スイッチをオフに切り替えて、心と身体を休ませること。気持ちは過去に残すのではなく、未来へ向ける。この切り替えができてこそ、プロとして生き残っていけるのだと思います。

チャンスは不平等

シビアな話ですが、プロ野球選手は、一チームで年間一〇人前後がクビになります。マネジメントする側にとっても、これは厳しい決断です。

対象になるのは、まずは二軍の試合でも成績が残せなかった選手たち。結果が出ないのだから、残念ですが仕方ありません。本人たちも上から言い渡される前に、しだいに覚悟を決めているようです。

かつて一軍で活躍していたものの、二軍に落ち、その二軍でも試合に出たり出なかったりしているベテラン選手の場合、なかなか判断が下せません。これはかなり難しい。それでも、与えられた機会に満足のいく成績が残せなかったり、同じポジションに圧倒的に「こいつには負けたな」と感じる存在が出てくれば、やはり去らざるをえなくなるでしょう。

プロ野球選手には、機会の平等はないのです。むしろ不平等だと言ってもいい。もちろん機会がまったくないわけではありませんが、全員が同じではないということ。「差別」はしませんが、「区別」はするしかない。

たとえば青木宣親くんが一カ月二〇試合にわたってノーヒットだったとしましょう。

しかし、現在の彼のように実績のある選手なら、いまはたまたまヒットに恵まれていないだけで、その後の三〇試合は、めちゃくちゃ打ってくれるだろうと期待します。だから機会は必ずまわってくる。でも、打つかどうかわからない実績のない選手が、一〇試合ノーヒットだったら、その時点でチャンスはなくなります。

機会はあるが同じではないとは、そういう意味です。

ただ、指揮官の立場になると、どの選手もみな等しく部下です。そのなかから毎年一〇人もクビにしなければならないのは、断腸の思いです。

選手はみんな、実力本位の厳しい世界だとわかったうえで飛び込んできているはず。しかし、わかってはいても、やはり一日でも一年でも長くやりたいと願っています。みずから踏ん切りをつけて「辞めます」と言う人間は、ほとんどいません。

以前、サッカー日本代表の岡田武史監督が、「選手の冠婚葬祭にはいっさい出ない」とおっしゃっていたのを聞いたことがあります。情が移ってしまうからだそうです。監督が非情と言われるような決断をしなければならないことは多々あります。そんなときに人間的な情に引きずられていては、的確な決断ができないし、監督自身もつらくなる。

指揮官を経験したことのあるぼくには、岡田監督の気持ちがよくわかります。だから、いまだにその言葉が忘れられないんですね。

こういう世界だからこそ、選手たちにはみずから育っていってほしいのです。指導者にすべてを依存するのではなく、自力で勉強して学び取っていってほしい。立ち止まらず、つねに貪欲に吸収して、前向きに進んでいってほしいと思うのです。

人が集まれば必ず問題は起きる

監督と選手は一定の距離感を保っていたほうがいいと考える人は、どうやら多いようです。ぼくがプレイングマネージャーに任命されたとき、最初に野村監督がアドバイスしてくれたのも、じつはそのことでした。

「選手たちとは距離をおいてやりなさいよ」

たしかに、野村監督にしても若松監督にしても、〝雲の上〟とまでは言わないまでも、選手にとっては遠い存在でした。けれどもぼくの場合、選手兼任監督ですから、それまでの二人の監督とくらべれば、圧倒的に選手たちとの年齢差が小さかった。そのぶん選手たちにとっては近い存在に思えたはずです。

年齢差が縮まるわけではありません。ですから近いなら近いままで、ムリをせず、自分なりのマネジメントをしてみようとぼくは考えました。選手たちといっしょに走り、率先して練習する。それは若いからこそできること。

もしまたどこかでチャンスをいただくことがあったとしたら、そのときはもう自然に距離を置かざるをえない年齢になっているでしょう。でもあのときは、いましかできないやり方でやればいいと開きなおったのです。

その方法が正しかったかどうか、いまでもわかりません。

プレイングマネージャーへの挑戦ははじめてのことなのですから、すべてが予測できません。予測できないことを「どうしよう」と考えても仕方がない。「問題が起きたら起きたで、それはそのときに考えればいいじゃないか」と、あまり身構えずに進むことにしました。

とにかく、やってみなければわからないですからね。

そもそも、どんなやり方を選択しても、組織にいる以上は人とかかわるのですから、問題が起きて当たり前なのです。性格も、考え方も、育った環境も違う人間が集まって一つのことをやろうというのだから、摩擦もあれば、意見の食い違いもある。

問題が起きること自体が問題なのではなく、問題が起きたときに、それを解決できないことが問題なのです。もっといえば、問題が起こることを用心するあまり、自分のやりたいことまで抑え込んでしまうのがいちばんよくない。

問題が起きたときには、そこから逃げずに、絶対に解決してみせる。ぼくの場合、そんな意気ごみだけは胸いっぱいにありました。

「ほんとうにプレイングマネージャーなんてできるんですか?」と聞かれたら、「できると思う」としか答えようがない。なにしろ、やったことがないんですから。

何かあったら解決してみせると強気でいたほうが、実際に問題が起きたときに、必要以上にオロオロすることはなくなるのではないでしょうか。問題が起きて当たり前。

どの世界でも同じだと思います。この社会で生きていれば、必ずそこに人が集まり、問題は起こります。自分の思ったとおりに事が進むことは、まずないと言っていい。

大切なのは、問題を発見する能力ではなく、問題を解決する能力なのです。

ぜひ優柔決断の思考法で解決策を見つけ出して、前を向いて進んでいってほしいと願っています。

第5章

脳を活かす「優柔決断」の生き方

茂木健一郎×古田敦也

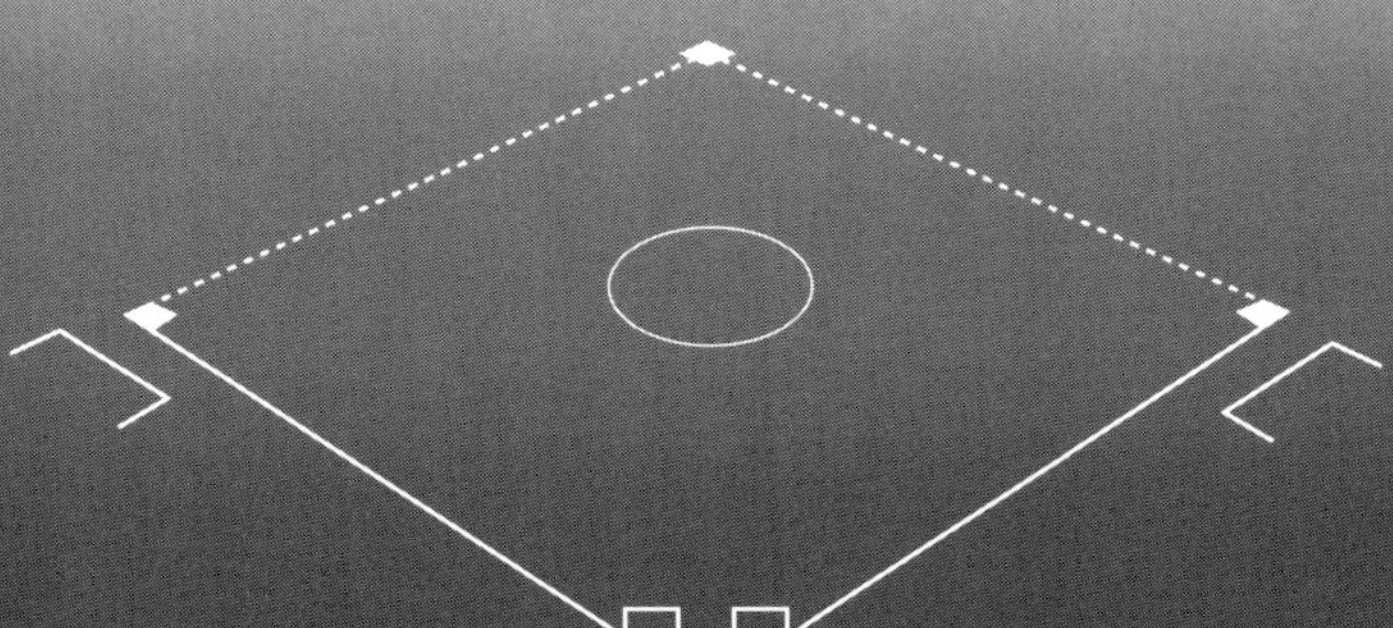

脳はいつまでも過去を忘れてくれない

茂木　おもしろい言葉ですね、「優柔決断」とは。古田さんがお考えになったのですか？

古田　そうなんです。ぼくたちは、自分を成長させようと、いろいろな情報を採り入れたり、人から話を聞いたりしますよね。でも、情報が多くなればなるほど、迷いも生じます。そのようななかで最終的にきちんと決断できれば、それでいいと思うのです。決断できなければただの「優柔不断」ですが、最後は決断しようと試みる。そのためのプロセスすべてが「優柔決断」の思考法です。

茂木　すばらしいと思います。何がきっかけでそのような発想にいたったのですか？

古田　プロ野球選手は、高校時代にスーパースターとチヤホヤされるほどの成功体験を味わってプロの世界に入ってくるケースが多い。そういう選手は、どうしてもその過去の成功が忘れられず、変化することを怖がって伸び悩むことがよくあるんですね。彼らには何か違ったものの考え方が必要なんじゃないか。そんなことを考えたのが、きっかけでしょうか。

「初志貫徹」という言葉がありますが、あまり過去にこだわりすぎると成長できない。もちろん最初の志や軸は太いほうがいいとは思いますよ。でも成長して幹から枝葉を大きく広げるためには、変化や状況に対応しなければならない。人の話を聞くことも含めて、多くの情報を採り入れていくしかないと思うのです。そのうえで最終的な取捨選択を自分の判断で行っていく。要するに、もっとチャレンジしてほしいということなんです。

茂木　じつは脳は何歳になっても変化できます。それなのに、過去の成功体験にとらわれていると、脳が本来もっている学習能力、つまり変化する可能性を封印していることになるのです。戦う場において要求されることは日々刻々と変わりますから、そこでどう柔軟に適応できるかがいちばん大事ですよね。

ただ案外と見落としがちなのが、実際に変化したつもりでも、過去に経験したことは脳に残っていることです。変わる意志はあっても、なかなか大きく変化できないのは、そのためです。過去は切り離せないのが人間の脳なんですね。ですから柔軟に適応するためには、意識して訓練することが必要となります。

短時間で決断するためにはシミュレーションが不可欠

茂木　野球のキャッチャーは、淡々とサインを出しているように見えますが、サインを出すときは、やはり迷いが生じるものなのですか？

古田　もちろん迷いますよ。とても迷います。最善の策は何かとつねに頭を回転させていますから。

茂木　じつは脳科学者として、キャッチャーという仕事にたいへん興味があるんです。

キャッチャーはどんなに追い込まれた状況であっても、瞬時に次のプレーを決断しなければなりません。脳科学では、何かの行為に時間的制約を設けることを「タイムプレッシャー」と呼んでいるんですけど、キャッチャーほど短時間のタイムプレッシャーのなかで判断をくりかえしている職業は、そう多くはないと思うんです。

ぼくたちは人生のさまざまな場面で、決断を迫られて悩みます。大きなビジネスの判断から、日常の小さなことまで決断しなければならないのですが、多くのことは、ある程度の時間的猶予があります。でも野球の場合は、かなり短い。

ちなみに一回につき何秒くらいで決断しているのですか？

古田 そうですね。十五秒から二十秒くらいでしょうか。

茂木 そんなに短いんですか。

わずか十数秒で決断をくりかえすというのは、かなり特殊な脳の使い方です。そんなに短時間のなかで、どうやって決断するのですか？

古田 たしかに短時間で決断しなければいけないのですが、そこで重要なのは、その決断が仮に失敗したときでも、「まあしょうがないか」と思えるくらいのレベルまで考え抜いて準備した結果なのかどうか。準備ができていれば、その決断に悔いは残らないと思うんですよ。でも、たいして準備もせずにあわてたままサインを出して打たれると、後悔しか残りません。

ですから、十五秒や二十秒といった短い時間のなかで判断して決めるためには、やはり準備としての知識や情報の蓄積が必要なのです。試合が始まるまでに一回ぶんの試合を実際に行っているくらいの気持ちで、頭の中でシミュレーションをしておく。それを何年もくりかえしていると、決断は徐々に早くなっていきます。

最初のうちは、それができませんでしたね。あらゆるものを頭の引き出しに詰め込んではみたものの、猶予はたったの十五秒、二十秒ですからね。「引き出しよ、どうか開いてくれ！」とお願いしながら頭の中に手を突っ込んでいました（笑）。

そうこうしているうちに、「あ、そうだ！」と、事前に見ていたビデオの映像がポンとよみがえったりする。それをヒントにサインを決めたこともあります。

茂木　たとえばピッチャーがちょっと調子が悪くて、自分が球種を指定しても、たぶんそのとおりにはならないだろうなと感じたときには、やはりサインを変えるんですか？

古田　そうです。ただ、三度同じサインを出して、一球目、二球目はダメでも、三球目には必ずうまくいく投手もいる。そのあたりは見極めるしかないですね。

茂木　そうすると、試合前のシミュレーションも、ものすごくいろいろな設定で考えておかなければならないわけですよね。ランナーがどこにいるかとか、カウントだとか、その日の風向きだとか、それこそピッチャーがどういう状態で、どんな心理で、球数がどのくらいで……。

いや、これは科学的にいうところの「不良設定問題」ですね。あまりにも複雑すぎて答えを出すのが難しい。

データをいくら積み重ねても、最後の決め手は「えいやー」といった直感とか、ひらめきでいくしかないところもあると思うのですが、いかがですか？

古田　たしかにおっしゃるとおりです。シミュレーションしたことがかえって弊害となって迷うことも少なくありません。それで最後は「もう、これでいってしまえ」となるわけです。

ただ一見すると複雑なようで、データのほとんどはマニュアル化されています。ですから頭の中に整理して入れておきさえすれば、「いま考えるべきはこの二つでいい」という具合に、選択肢をしぼりこむことができるケースは多いのです。

“迷い”や“揺れ”はあったほうがいい

茂木　「優柔決断」という言葉を最初にうかがったとき、真っ先に思い浮かんだのが、エリック・シュミットという人物でした。彼はアメリカの技術者で、現在はグーグルの会長兼ＣＥＯ（最高経営責任者）を務めています。

グーグルはもともと、スタンフォード大学のラリー・ペイジとセルゲイ・ブリンという二人の大学院生が、「あるアルゴリズムを使えば、インターネット上の情報が検索できる」という内容の論文を書いたのが始まりです。彼らは当時、スタンフォード大学のウェブサイトのなかに google.stanford.edu というものをつくって、そこで試行サービスを行ったんですね。それが発展して google.com となった。一九九八年のことです。

エリック・シュミットは、その初期の段階から経営に参加した人で、辣腕（らつわん）経営者としてグーグルをここまで大きくすることに成功しました。

そのシュミットは、決断する前にはありとあらゆる人に話を聞くと言っています。

「一人の天才よりも三〇人のふつうの人の意見を集約したほうが、良質の決断ができる」。いろいろな人の話を聞いて、最後は自分で決断する。まさに「優柔決断」の実践者なんですね。

古田さんのお話をうかがっていると、まずは悩んで揺れ動くやわらかな部分と、そのあとに決断する固い部分の二段階があると感じるのです。〝やわらかさと固さ〟とでも言ったらいいでしょうか。

その意味でおうかがいしたいのは、先ほど「決断を後悔しないようにしたい」とおっしゃっていたじゃないですか。つまり、決断した時点では、「これだ！」と固く決心しているわけですよね？

古田 そうですね。腹をくくるという感覚に近いかもしれませんね。

茂木 なるほど。少しでも迷いがあると、おそらくピッチャーにも「ああ、迷ってるな、古田さん」と伝わってしまう。不安にさせてはいけないから「もうこれしかない！」と、サインを出すわけですよね。

でも、サインを出す前の迷いや揺れ動く過程も、じつはすごく大事なんです。物理学の定理で、あるシステムに刺激がきたときに、「どのくらいその刺激に対応できるか」は、そのシステムがふだんから「どのくらい揺らいでいるか」に比例するというものがあります。

つまり、ふだんからいい意味で揺らぐ経験をしていないと、外からシグナルがきたときに、そのシグナルに適応できないという法則です。もともとは一九〇五年にアインシュタインが発表した、水中で花粉が浮遊する現象を解析した「ブラウン運動の理論」から、そうした定理が導き出されました。

古田さんが、打者として優れた成績を残され、同時にキャッチャーとしてこれだけ結果を出すことができた背景には、「大きく揺れ動く」のと「情報を取捨選択して決断を下す」という二つのモードを、うまく切り替えることができたことがあるのだと思うんです。「優柔決断」という言葉は、まさにキャッチャーの本質を表していますね。

「集中」と「緊張」は似て非なるもの

古田　サインを出したけれど、こちらがミットを構えたのとはぜんぜん違うところにボールが来て打たれることがあります。そんなとき、プロではよく責任の所在をめぐってもめるんです。

野村監督の時代は、たいていぼくが怒られました。「おまえ、あんな球を投げさせやがって」と。「いやあ、ぼくが投げさせたわけじゃないんですけど……」と内心は思っていても、それは決して口には出しませんでした。そこで「ぼくが構えたところと違うところに来たんです」などと弁解すれば、すべてが終わるような気がしたんです。「自分のせいじゃない」と主張すれば、ぼくに対して怒っている監督の顔をつぶしてしまう。それに「他人のせいにして」と思われて信頼をなくしかねませんし、チームの結束力にも響きます。事実はどうであれ、グッとこらえることが多かったんですよ。

茂木　キャッチャーはある意味、表現者だと思うんです。「表現者は言い訳をしない」というのは、すごく大事なことですよ。

たとえば外角低めにサインを出したのに内角高めに来たとか、ホームランを打たれちゃったにしても、観客には結果しか見えないわけですよね。どういうシグナルを出していたかはわからない。それでも言い訳をしないのは、やはりカッコいい。

古田　言い訳がきかないという意味では、代打で出ていく選手がまさにそうです。大事な場面で責任を負わされて、打つか打たないかの二つに一つ。結果がはっきり見えますから、言い訳しても無駄なんですね。

なかには〝代打の神様〟と呼ばれる選手もいます。年間一〇〇打席あるかないかで、しっかりと結果を残しているから〝神様〟なのですが、打てなければ即二軍落ちもありうるわけですから、非常にシビアです。

そんなこともあって、代打専門の選手を形容して〝チャンス&ピンチ〟という言葉が使われることがあります。打てば神様、打たなきゃ二軍落ち。つまり、代打で出ること自体が、チャンスでもありピンチでもあることを意味します。どんな神様でも、七割がアウトでヒットは三割。出てもアウトになる確率のほうが高いんですね。

ですから「打ったらヒーローだ！」と前向きになれる選手もいるけれど、気の弱い選手には「出たくない」と思っている人も意外と少なくないんです。だれだって大事な場面での責任は負わされたくないですからね。

茂木　ぼくも子どものころ草野球をやっていましたので、よくわかります。自分が最後のバッターになるなんて、いちばんイヤですものね。

でも、それはすごく大事なご指摘のような気がします。とくにいまのような世の中だと、自分が大事な仕事をまかせてもらえるときに、いまおっしゃったように「やってやるぞ！」と思う人がいる反面、「もし失敗したらオレのせいにされる……」と悪いイメージばかりが先行して、尻込みしてしまう人もいる。むしろ、責任を負いたくない人のほうがどんどん多くなった結果、いまのような閉塞感が漂う日本になってしまったのかもしれません。

古田さんは、そんなここ一番の場面では、どんな気持ちでバッターボックスに向かったのですか？

古田　「いい結果を得るためにはどうしたらいいか」を毎日のように考えた挙げ句、たどりついた答えが「結果を気にしない」ということでした。どんな場面でも「アカンかったらしょうがない。命まで取られるわけじゃない」と自分に言い聞かせて前向きになる。あとは、準備したことをこの場で出しきるんだという気持ちで臨むと、けっこう気楽になれたんです。そうすると、おのずといい結果がついてくるようになりました。

茂木 それは、いわゆる「フロー状態」ですね。物事がいちばんうまくいくのは、何かに集中して〝無の状態〟になったときなのです。

でも、世間ですごく誤解されているのは、「集中」している状態と「緊張」している状態は違うということ。おそらく、どの分野でもいちばんパフォーマンスが高いのは、集中しているけれども、リラックスしている状態です。

古田さんがいまおっしゃったのは、まさしく集中して、なおかつリラックスしている状態。ですから、結果としていちばん成果が出やすいのだと思います。

脳というのは、いい意味で楽観的じゃないと働いてくれないものなんです。「これは絶対に打てる！」と楽観的にリラックスしている状態ではじめて瞬時に反応できる。ましてや、ある特定のことばかりが気にかかっていると、柔軟に対応することなどできません。

ほんとうに無の状態になると、脳の中で何もしていないときに活動する「デフォルト・ネットワーク」と呼ばれるシステムが活性化し、どんな状況が起こっても柔軟に対応できるようになります。そういう点から見ても、一流の野球選手は、脳の使い方も一流なんだろうなと思いますよ。

古田　なるほど。脳をうまく使えば、どんどん伸びる可能性があるということですね。野球選手は体を鍛えることばかり得意ですが、これからはもっと脳を使わなきゃ（笑）。

キャッチャーは人間行動学を活かしている

茂木　先ほどのお話ですと、キャッチャーとしてリードしているとき、最終的な判断を〝ひらめき〟に頼ることはめったになさそうですが、そこには理由があるのですか？

古田　プロ野球は同じ選手と何度も対戦します。しかもキャッチャーは相手のうしろに座っていますから、ぼくの場合〝ひらめく〟というより〝見る〟と言ったほうがいいのではないでしょうか。

茂木　生身の人間が目の前にいるから？

古田　はい。顔色を見ただけですべてがわかる……とは言いませんが、野球はタイミングのスポーツなので、たとえばボールが通過するとき、バッターがどんな反応をするかで、どの球をねらっているかくらいはなんとなくわかります。

だからジッと見る。動きをコロコロ変えられると困るんですけどね。でもそれもまた、「このバッターは動きをコロコロ変えるヤツだ」というデータとしてインプットすればいい。

茂木　そうした身体のちょっとした動き、つまり仕草には、本人すら気づいていないクセが表れますので、すごくおもしろいですね。人間行動学では「無意識の身体行動」と呼んでいますが、残念ながらまだまだ十分なデータがないんです。

それでも最近の研究では、たとえば二つのものがあって、どちらか好きなほうを選んでくださいと言うと、指し示す前からすでに、視線は自分の好きなほうに向いているとの報告があります。ある決断や判断をする前から、身体は無意識のうちにそれを表現しているということです。

古田　そうなんでしょうね。ぼくの場合、観察するのが仕事なので、よく見てはいましたが、仕草一つですべてがわかるかといえば、そこまでのレベルではなかったと思いますよ。「古田はよくバッターを見ている」というので、テレビ中継では表情のアップを抜かれることが多かったのですが、では「いったい何がわかるんですか？」と聞かれると、「そんなにわからないよ」というのが本音なのです。

ただ、人は「見られている」と思ったら、意識して必ずなんらかの行動を起こす。たとえば「ねらい球が外れた」みたいな顔をしてみたり、動揺していても「ぜんぜん何も気にしてないよ」という顔を装ったり。そういう行動が自然とパターンとして定着してくれれば、こちらにとってはありがたい話ですね。

茂木 古田さんに見られていると、無心ではいられなくなる。そこで、ごまかそうとするのか、なんなのかはわからないけれど、何かしら行動してしまう。それが相手を読むためのデータになる、というわけですね。

古田 そうです。なかには驚くほど極端なことをする選手もたまにいるんです。「あー、ねらい球、外れた～」などと、わざと口に出して言ってみたり（笑）。

茂木 ぼくは野球が好きで、神宮にもときどき行くのですが、そういうお話をお聞きすると、ますます見方が変わりますね。打てたにしろ打てなかったにしろ、抑えたにしろ抑えられなかったにしろ、やはり野球ってものすごく人間くさいドラマだなあと、あらためて感じました。

身体がやわらかい人は脳の振り幅も大きい

茂木　古田さんは、子どものころから関節がすごくやわらかいそうですね。関節がやわらかいと、それだけ身体を自由に動かす範囲が広がるので、身体をトータルでコントロールしている脳の領域、つまり前頭葉の神経細胞の活動が、ふつうの人よりも振り幅が大きいのかもしれないですね。

これはぼくたちのグループで研究していることですが、脳は身体がふだんどのあたりまで曲げることができるかがわかっていて、その範囲でしか情報処理をしません。でも柔軟な人は、身体が実際に動く感覚までカバーできるように、脳のほうが変化するのです。表現が難しいのですが、やわらかくなるというより、身体の動きが広がったぶんをカバーする。

ですから身体がやわらかい人の脳は、おそらく身体が硬い人の脳とは違うと思います。

古田　関節を後天的に変えることならできますが、脳も後天的に変化するとは、想像もしませんでした。それは思考の振り幅が広がることと関係あるのですか？

茂木　関係すると思います。たとえば鳥は空を飛べますから、ぼくたちとはぜんぜん違う感覚をもっているはずです。要するに身体の動きによって、脳は変化するのです。そのことは、まずまちがいありません。

古田　眼の検査に「瞬間視」の能力を測定するものがあるのですが、ぼくはそれで最高得点を出したことがあるんです。八桁の数字が画面に映し出された瞬間、わずか〇・一秒で消えるのですが、その八桁をすべて見ることができた。ぼくは乱視が強く、動体視力は最低レベルだったのに、なぜか瞬間視はトップ。めずらしい結果だそうで、研究所の方にも驚かれました。この瞬間視は、脳科学的に何か意味があるのでしょうか？

茂木　瞬間視力にしても動体視力にしても、それはすべて脳のことなんです。

わかりやすい例を出しましょう。「閾値（いきち）」といって、かろうじて発見できる最低限の光の強度がありますよね。暗闇に慣れてくると、かすかな光でも見えるようになりますよね。これを「暗順応」といいますが、ふつうの人でも暗闇に長くいると閾値は小さくなります。

古田さんの場合、その閾値が、ふだんから小さいのだと思います。それは生まれつきの才能としか言いようがないですね。しかも、子どものころからキャッチャーとして、瞬間的に起こることをずっと見続けてきた。その体験もかなり影響しているのでしょう。

野球は敵どうしがシンクロするスポーツ

茂木　先ほど「野球はタイミングのスポーツ」とおっしゃっていましたが、古田さんはどのようにしてタイミングを計っていたのですか？

古田　やはりいちばんは慣れですね。あと、よく言われるのは、ピッチャーとシンクロさせるということです。ピッチャーが脚を上げて投げるタイミングで、バッターがそれにシンクロさせるとボールと合いやすい。

ピッチャーが脚を上げたとき、前脚だけを小刻みに動かしているバッターがいますが、まさにピッチャーの「脚を上げて、下ろす」タイミングを計っているのです。止まったままでいると急には動けないので、「1、2、はい！」とピッチャーのモーションに合わせているのです。それが確実にタイミングを合わせる方法です。

茂木　シンクロとはおもしろい表現ですね。ピッチャーとバッターは敵どうしですからね。敵の球を打つために敵と一心同体になる。つまり共振して、相手のタイミングに合わせるわけですね。古田さんも、そうされていたんですか？

古田　そうです。ぼくも左脚をわずかに動かしていました。イチローくんも、よく見ると動かしています。おそらく彼も、それでタイミングを計っているのでしょう。もともとイチローくんの振り子打法は、ピッチャーと完全にシンクロさせないことには絶対に打てない打法なんですよ。

茂木　科学的な現象を指す言葉に「引き込み現象」というものがあります。近くにいる蛍が同時に発光したりすることも、この現象の一種と考えられています。こうした同

調現象が、脳のニューロンに代表される非線形素子にも起きているのです。

タイミングが合うというのは、ピッチャーとバッターのあいだに引き込みが起こるように打つということかもしれませんね。

古田　プロ野球選手は、飛んできたボールを見て打っているわけではないんです。ピッチャーが脚を上げ、下ろしながら投げる。その一連の動作を、たとえば「トン、トン、トン」というリズムのイメージだと思ったら、自分も脚を上げるときに同じリズムを刻みながらピッチャーと合わせるんですね。

スランプ脱出は「人生のフォアボール」をねらえ

茂木　たとえば首位打者を獲られた年のように、バッティングの調子がよくて乗りに乗っているときは、どんな〝感じ〟をもたれているんですか?

古田　「冴えている」という言葉をよく使いますが、とにかく読みが当たるんです。「次にこの球が来たら打とう」などと考えていると、その球ばかり飛んでくる。「冴えている」のか、偶然なのかはわかりませんが。

茂木　その「冴えている」ときには、いったい何が起こっているのですか？脳科学者としては、ぜひとも解明したい現象ですね。

古田　当たりが悪かったのに〝ポテンヒット〟になるといったラッキーなことも起こるのですが、何より、相手の考えていることがズバズバ「わかる」のがいちばんでしょうか。

ほんとうはたんに身体の調子がいいだけなのかもしれませんが、「わかる」と思っているから自信がみなぎる。自信をもつから、次もまた自分の思った球が来る。それが何回か続くうちに、ものすごく前向きになるんですね。「冴えている」とは、そういう状態じゃないでしょうか。

茂木　逆に、不調のときや結果が出ないときは、どのように気持ちをキープしているのですか？

古田　技術的にいいますと、結果が出ないときは、打席に入ってもフォアボールしかねらいません（笑）。

不調のときは、たいていボール球に手を出してしまう。不思議なもので、調子が悪いときにかぎって打ちたくてしょうがないんですよ。

ですから「ボール球は絶対に振らない」「きわどい球は全部ファールでいい」「前に打つ気はさらさらない」と言い聞かせてバッターボックスに入る。うまくフォアボールを取れると、ピッチャーのほうがストライクを取りたくなりますから、しだいに真ん中にボールが集まってくるんです。そこではじめて打つ。そうこうしていると調子が戻ってくるんですね。

気持ちがはやると、結局、悪循環になるのです。

茂木　選球眼がスランプからの脱出を支えてくれるのですね。人生でも同じことがいえますね。うまくいかないときほど、人はあがいて余計なことをしてしまう。そうではなく、じっくりと現状を見極めて、「これだ！」というときだけアクションを起こす。

スランプから立ちなおるために「人生のフォアボール」をねらうとは、いや、ものすごく深いお話ですね。

「弱者の戦略」が現代日本人の武器となる

茂木　偶然を必然にするのが、脳の働きのなかで、もっとも大きなものだと考えられています。たしかにそれができる人は、たいへん成長すると思うんです。そういう意味で、古田さんにとって野村克也監督との出会いは、たんなる偶然ではない。互いに引き寄せられた必然性を感じるのですが、いかがですか？

古田　ほんとうに多くのことを教わりました。ヤクルトスワローズに入団した当時、野村監督からよく言われたのは、「とにかく準備がすべてだ」ということです。野球はグラウンドの上のガチンコ勝負のように見えるけれども、じつはそれまでにしっかりと準備したほうが勝つ可能性が高くなるんです。

データを分析し、考える野球を続けていけば、勝てない相手にも勝てるようになる。言うなれば「弱者の戦略」ですね。こういうことを徹底的に詰め込まれました。

茂木　いかにも強いというオーラを発するより、むしろ弱者の視点に立ってこそ、新しい知恵や戦略が生まれる。なるほど「弱者の戦略」という考え方はおもしろい。

たとえば自然界に生きる弱い動物は、いつ食われるかとつねに周りを注意しています。おそらく人間も、もともとは弱い動物で、だからこそ知能を発達させてきたのだと思うのです。ですから野村監督の言われる「弱者の戦略」は、本質的なことだと思いますね。

日本は資源もないし、食糧自給率も低い。体格的にも見劣りするから、やはり「弱者の戦略」って、日本人がもつべき本質的な思想ですね。景気の低迷などで、ちょっと自信をなくしているいまの日本人にとって、ものすごく大事かもしれません。

WBC（ワールド・ベースボール・クラシック）は、日本が二大会連続で優勝しました。個々人の能力だけを単純比較すると劣る部分があるかもしれませんが、それにチーム力という考え方が加わることによって、1＋1が3にも4にもなる。相乗効果が生まれたのです。チーム力を活かした試合運びこそ、日本人の強みや、日本の組織の強みそのものを表していると思うのです。

古田さんは、まさに日本野球の象徴的なことをやってこられたのだと思いますが、日本野球の強みは何だとお考えですか？

古田　日本野球は、「四マスをどのように進めて一点を取るのか」という思想が、他国にくらべてとてもしっかりとチームに根づいていると思います。もともと日本人は、メジャーリーグの選手たちのように、パワーにものをいわせてホームランを量産することは難しい。しかし、そこはあきらめても、違う方法で勝つチャンスは十分にあるのだということが経験則でわかっています。このように、逆転の発想で、弱点を強みに変えてしまうのが、日本野球の象徴と言うべきところではないでしょうか。

茂木　脳っておもしろくて、欠点が長所にもなりうるんです。長所は欠点のすぐそばにある。ですから日本人が、なんでも劣等感をもつ必要はなくて、むしろ劣っているところを裏返せば、優れた点に変わることも多くあるんですね。

古田　脳は両立させるのが難しいんですか？

茂木　システムが有限なんです。一方を優先させると、そのぶん他方が小さくなる。そのメリハリが個性なんですね。ぼくは、野球はほかの分野に先駆けて、日本人の個性を示してくれたスポーツだと思っています。

ハードルが高いほど脳は喜ぶ

茂木　プロ野球では、どうやったらもっと成績がよくなるかなど、選手どうしが意見交換をするものなんですか?

古田　すごくよくしますよ。とくに最近はそうなんじゃないでしょうか。昔は〝豪傑伝説〟のようなものがあって、たとえば明け方まで飲んで、その日にホームランを打ったら、それが伝説になったりもしたのですが、いま同じことをしていたら、「摂生(せっせい)できないダメなヤツ」という烙印(らくいん)を押されてしまいます。

アスリート色がどんどん強くなってきたんですね。ですから選手はみな、しっかりトレーニングするし、食事にも気をつける。そういうことに関して情報交換する選手が多くなったというのが実感です。

茂木　いま「アスリート」とおっしゃったことにすごく関心があります。ぼくは研究にかかわる人間ですが、やはり同じようなことを感じているからです。

研究は、いままで人がやらなかったこと、考えなかったこと、見つけていなかったことを発見することです。その意味では、どんどん自分を高めていくことでもあります。アスリートも、いままで自分ができなかったことをやる、あるいは、もっと精度を上げてやるというかたちで自己研鑽していくことと表裏一体です。

要するに、それまでの自分を乗り越えること。それは苦しいことでもあります。

でも、脳科学の立場からいえば、脳はみずからハードルを課して苦しみを乗り越えるときにこそ、最大の喜びを感じるものなんですね。ですからアスリートは、いろいろな職業のなかで、おそらくもっとも脳の喜びが深い職業の一つなのではないかと思います。

古田さんは、どんなときに自分を乗り越えたと感じますか？

古田 自分を乗り越えた瞬間は、正直なところわからないんです。絶対に打てないと思っていたピッチャーの球が、一年くらい経って打ちやすくなったと感じるのが、長期的には乗り越えたということかもしれません。

ただ、脳の喜びという面では、プロ野球は、やはりファンのみなさんに観てもらっていますから、ここ一番で打ち、勝利し、最後は優勝することで、みなさんといっしょに盛り上がる。そこに大きな喜びを感じます。その喜びを得たいと思うことが、選手のモチベーションにつながるのかなと思いますね。

茂木　なるほど。ところで今後は、どういった活動に力を入れるおつもりですか？

古田　これまで表舞台に立って、みなさんに支えていただきましたので、そのお返しをしていきたいと思っています。子どもたちへの野球指導も含めて、伝える側にまわって、みなさんがハッピーに感じてもらえることを地道に重ねていきたいですね。

茂木先生のお話をうかがって確信したのは、脳をもっとうまく使えば、何歳になっても自分を伸ばすチャンスがあるということです。あきらめずに自分の可能性を広げていくことの大切さを、あらためて実感しました。

ぼくが考える「優柔決断」の思考法も、茂木先生にこれだけ明晰（めいせき）に分析していただきましたので、自信をもってみなさんに伝えていきたいと思います。

企画協力——大原 伸
編集協力——赤木ひろこ
写真——稲垣徳文

PHP新書
PHP INTERFACE
http://www.php.co.jp/

古田敦也［ふるた・あつや］

1965年兵庫県生まれ。元プロ野球捕手、現·野球解説者。立命館大学卒業後、トヨタ自動車に入社。日本代表としてソウルオリンピック銀メダル獲得に貢献する。89年ドラフト2位でヤクルトスワローズ(現·東京ヤクルトスワローズ)に入団。ルーキーイヤーからゴールデングラブ賞を獲得(計10度)、翌年には首位打者に輝くなど、攻守両面にわたって活躍。「プロ野球の頭脳」として5度のリーグ優勝、4度の日本一にチームを導く。また日本プロ野球選手会会長としてプロ野球再編問題に積極的に発言し、注目を集める。2005年には2,000本安打を達成。06年シーズンからは29年ぶりのプレイングマネージャー(選手兼任監督)に就任し話題に。07年引退。シーズンMVP2度、日本シリーズMVP2度、ベストナイン9度、正力松太郎賞1度。通算およびシーズン盗塁阻止率の日本記録ももつ。
おもな著書に『フルタの方程式』(朝日新聞出版)、『古田のブログ』(アスキー)などがある。

「優柔決断」のすすめ（PHP新書634）

二〇〇九年十月三十日 第一版第一刷
二〇〇九年十一月三十日 第一版第三刷

著者——古田敦也
発行者——江口克彦
発行所——PHP研究所
東京本部——〒102-8331 千代田区一番町21
新書出版部 ☎03-3239-6298(編集)
普及一部 ☎03-3239-6233(販売)
京都本部——〒601-8411 京都市南区西九条北ノ内町11
組版——株式会社編集社
装幀者——芦澤泰偉＋児崎雅淑
印刷所
製本所——図書印刷株式会社

ISBN978-4-569-77421-3

ＰＨＰ新書刊行にあたって

「繁栄を通じて平和と幸福を」(PEACE and HAPPINESS through PROSPERITY)の願いのもと、ＰＨＰ研究所が創設されて今年で五十周年を迎えます。その歩みは、日本人が先の戦争を乗り越え、並々ならぬ努力を続けて、今日の繁栄を築き上げてきた軌跡に重なります。

しかし、平和で豊かな生活を手にした現在、多くの日本人は、自分が何のために生きているのか、どのように生きていきたいのかを、見失いつつあるように思われます。そして、その間にも、日本国内や世界のみならず地球規模での大きな変化が日々生起し、解決すべき問題となって私たちのもとに押し寄せてきます。

このような時代に人生の確かな価値を見出し、生きる喜びに満ちあふれた社会を実現するために、いま何が求められているのでしょうか。それは、先達が培ってきた知恵を紡ぎ直すこと、その上で自分たち一人一人がおかれた現実と進むべき未来について丹念に考えていくこと以外にはありません。

その営みは、単なる知識に終わらない深い思索へ、そしてよく生きるための哲学への旅でもあります。弊所が創設五十周年を迎えましたのを機に、ＰＨＰ新書を創刊し、この新たな旅を読者と共に歩んでいきたいと思っています。多くの読者の共感と支援を心よりお願いいたします。

一九九六年十月

ＰＨＰ研究所

025 ツキの法則　谷岡一郎
112 大人のための勉強法　和田秀樹
180 伝わる・揺さぶる！ 文章を書く　山田ズーニー
203 上達の法則　岡本浩一
250 ストレス知らずの対話術　齋藤 孝
305 頭がいい人、悪い人の話し方　樋口裕一
344 理解する技術　藤沢晃治
351 頭がいい人、悪い人の〈言い訳〉術　樋口裕一
390 頭がいい人、悪い人の〈口ぐせ〉　樋口裕一
399 ラクして成果が上がる理系的仕事術　鎌田浩毅
404 「場の空気」が読める人、読めない人　福田 健
423 疑う技術　藤沢晃治
432 頭がよくなる照明術　結城未来
438 プロ弁護士の思考術　矢部正秋
458 本番に強い人、弱い人　本田有明
476 プロ相場師の思考術　高田智也
486 ほめる技術、しかる作法　伊東 明
488 新しい株式投資論　山崎 元
496 夢を実現する技術　藤沢晃治
503 結果が出る発想法　逢沢 明
506 一夜漬け文章教室　宮部 修
509 聴き上手　永崎一則
511 仕事に役立つインテリジェンス　北岡 元
514 あなたにも解ける東大数学　田中保成
521 その日本語が毒になる！　吉村達也
527 美人の〈和〉しぐさ　小笠原敬承斎
531 プロ棋士の思考術　依田紀基
544 ひらめきの導火線　茂木健一郎
549 ユダヤ人に学ぶ危機管理　佐渡龍己
572 接待は3分　野地秩嘉
573 1分で大切なことを伝える技術　齋藤 孝
605 1分間をムダにしない技術　和田秀樹
615 ジャンボ機長の状況判断術　坂井優基
622 本当に使える！ 日本語練習ノート　樋口裕一
624 「ホンネ」を引き出す質問力　堀 公俊
626 〝口ベタ〟でもうまく伝わる話し方　永崎一則

［**自然・生命**］

208 火山はすごい　鎌田浩毅
299 脳死・臓器移植の本当の話　小松美彦
478 「頭のよさ」は遺伝子で決まる!?　石浦章一
528 ハイヒールと宝石が温暖化をもたらす　村井哲之
540 いのちを救う先端技術　久保田博南
576 日本は原子爆弾をつくれるのか　山田克哉